**Passeios e sabores cariocas**

# MARCIA ZOLADZ

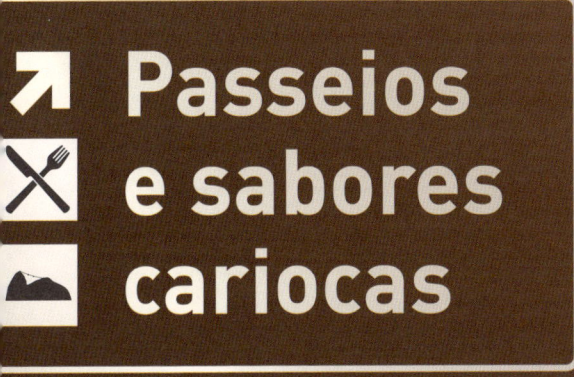

# Passeios e sabores cariocas

A combinação deliciosa de
um guia turístico do Rio de Janeiro
e um livro de receitas

Casa da Palavra

Copyright © 2014 Casa da Palavra
Copyright © 2014 Marcia Zoladz

Todos os direitos reservados e protegidos pela Lei 9.610, de 19.2.1998. É proibida a reprodução total ou parcial sem a expressa anuência da editora e da autora.

Este livro foi revisado segundo o Novo acordo Ortográfico da Língua Portuguesa.

Projeto gráfico de capa e miolo
Rico Bacellar

Fotos de miolo
P. 20 © Ildi Papp/ Shutterstock; p. 24-25 © Globo; p. 32 e 128 © Travellight/ Shutterstock; p. 50/51 © Rodrigo Jordy/ Getty Images; p. 57 © André Nazareth; p. 71 © Luiz Rocha/ Shutterstock; p. 81 © Pinkcandy/ Shutterstock; p. 91 © SOMMAI/ Shutterstock; p. 151 © Diogoppr/ Shutterstock.

Copidesque
Roberto Jannarelli

Revisão
Mariana Moura
Aline Castilho
Bruno Fiuza

Diagramação
Abreu's System

CIP-BRASIL. CATALOGAÇÃO-NA-FONTE
SINDICATO NACIONAL DOS EDITORES DE LIVROS, RJ

Z77p
    Zoladz, Marcia
        Passeios e sabores cariocas / Marcia Zoladz. – 1. ed. – Rio de Janeiro: Casa da Palavra, 2014.
        176 p. ; 21 cm.

        ISBN 978-85-7734-425-3

        1. Rio de Janeiro (RJ) – Descrições e viagens – Guias. 2. Gastronomia – Rio de Janeiro (RJ). I. Título.

14-09335                                                   CDD: 918.1531
                                                               CDU: 913(815.31)

**CASA DA PALAVRA PRODUÇÃO EDITORIAL**
Av. Calógeras, 6, 1001 – Rio de Janeiro – RJ – 20030-070
21.2222 3167 21.2224 7461
divulga@casadapalavra.com.br
www.casadapalavra.com.br

# SUMÁRIO

INTRODUÇÃO ..................................................................9

FORTALEZA DE SANTA CRUZ ...................................13

PRAÇA XV E PORTO ANTIGO ....................................25

O RIO DE JANEIRO DE TODAS AS PRECES ..........37

NAVIOS, BARCOS E ILHA FISCAL .............................51

CAIS DO VALONGO, MORRO DA CONCEIÇÃO E O
   BERÇO DOS BAMBAS .................................................63

PÃO DE AÇÚCAR E A FEIRA DA URCA ....................75

COPACABANA NO POSTO 6 E O ARPOADOR ......85

JARDIM BOTÂNICO .......................................................97

CRISTO REDENTOR E A VISTA DA CIDADE ........109

PEDRA DE GUARATIBA E SÍTIO ROBERTO
   BURLE MARX ..............................................................121

MUSEU CASA DO PONTAL, PRAINHA E GRUMARI ..........133

RIO FUTEBOL ................................................................145

PASSEIOS CURTOS QUE VALEM A PENA ............157

   Museu do Índio ........................................................158

   Museu Nacional e Jardim Zoológico ................159

   Feira do Leme ...........................................................160

   Lagoa Rodrigo de Freitas (para uma corrida) ............161

   Passeios gastronômicos ........................................163

LISTA DE RESTAURANTES, BARES E CONFEITARIAS
   E O BAIRRO ONDE FICAM .....................................169

ÍNDICE DE RECEITAS .................................................171

AGRADECIMENTOS ....................................................173

# INTRODUÇÃO

O Rio de Janeiro é a cidade mais linda do mundo para quem mora nela. Também para quem sonha em viver em um paraíso tropical, ainda que bem urbanizado e cosmopolita. São poucas as cidades que conseguem manter por tanto tempo a irrefutável fama de maravilhosa.

É verdade que a sua geografia ajuda muito. Afinal, o Rio exibe com orgulho uma paisagem impressionante, conjugando mar e montanha com praias fantásticas e florestas exuberantes. Ao mesmo tempo, permite a seus habitantes a possibilidade de trabalhar em um grande centro urbano e também aproveitar os momentos livres como se estivessem de férias. O carioca pode visitar parques nacionais cobertos com vegetação da Mata Atlântica, praias desertas e lagoas. Toda essa natureza monumental, avistada em mirantes como o Cristo Redentor e o Pão de Açúcar, alia-se a um passado histórico bastante rico e a uma vida cultural movimentada.

O Rio de Janeiro foi a capital do Brasil de 1763 a 1960, quando o governo mudou-se para Brasília. Por isso, a cidade concentra hábitos extremamente variados, adquiridos pela soma da cultura dos seus visitantes. A população local aprendeu a conviver muito bem com a diversidade cultural de pessoas de todo o país e também de diferentes partes do mundo que, por motivos diversos, passaram a morar na cidade. Como principal centro urbano, primeiro do império colonial português, depois se tornando capital do Reino português, que se transferiu para o Brasil durante a invasão do país pelas tropas francesas em 1808, o Rio foi ainda a sede do Império brasileiro e em seguida da República. Essa trajetória legou à cidade, naturalmente, uma concentração de recursos que facilitou a criação de universidades e institutos de pesquisa, teatros, orquestras, museus, escolas de samba e a maior festa de Carnaval do planeta. Enfim, um cenário cultural vibrante.

Para o carioca, de nascimento ou adoção, um dia bem-aproveitado inclui uma ida à praia com amigos, uma corrida ou caminhada à tarde na orla, Lagoa ou na Floresta da Tijuca, e, à noite, um programa que inclua uma boa conversa em torno de uma mesa de bar ou de um dos queridos e tradicionais botequins locais.

Há também na cidade uma inerente vocação esportiva. Além dos grandes clubes que agregam times de diferentes modalidades – futebol, vôlei, remo, natação –, pratica-se esporte em todo canto. Nas praias da cidade, por exemplo, inúmeras redes atestam a forte presença do vôlei de praia, e, no mar, surfistas de todas as idades disputam a melhor onda.

Para quem chega à cidade a passeio as recomendações são poucas: aproveite a paisagem e, como um morador da cidade, divida o dia entre atividades físicas e culturais. Ouça muita música em shows, concertos, rodas de samba, chorinho e partido alto. Afinal, a música é fundamental na vida carioca. Esse é o lugar que ensinou o samba ao mundo, criou o chorinho, deu origem à música erudita de Heitor Villa-Lobos, à bossa nova e inspirou o maestro Tom Jobim. Ainda moldou o funk com imensa vitalidade e é palco para gêneros e artistas dos mais tradicionais aos mais vanguardistas.

O ritmo do livro acompanha doze passeios mais longos, incluindo, em alguns deles, a sugestão de determinado trajeto. Em alguns casos, o percurso passa por mais de um lugar e também sugere visitas especiais, como é o caso do Museu do Índio, ou um almoço no Adegão Português, um restaurante muito antigo que serve pratos fartos como era costume nas décadas de 1950 e 1960, quando alguém chamado de forte se sentia elogiado e não se preocupava se estaria com excesso de peso.

Ao fim de cada passeio há algumas indicações do que é mais interessante de observar nesses percursos e sugestões de locais para comer. As indicações de bares e restaurantes levaram em conta os estabelecimentos que de alguma maneira traduzem a culinária local (independentemente de ser muito ou pouco estrelado) ou mesmo da região em que se localizam.

O passeio se completa – ou se estende – com três receitas que combinam com a história do lugar visitado para que, quem sabe, se leve para casa um pouco do sabor carioca. Algumas delas são típicas de botequins ou confeitarias locais, como as empadas; já outras, como os biscoitos, o picadinho e o camarãozinho com chuchu são segredos bem guardados da comida caseira da cidade. Bons passeios! E bom apetite!

## Fortaleza de Santa Cruz

**Uma vista especial da paisagem**

**A BAÍA DE GUANABARA** tem um dos contornos mais bonitos do mundo e, apesar de quase sempre o carioca apreciar a paisagem a partir de sua própria orla marítima, vez por outra é interessante atravessar para o outro lado, ir até Niterói para se permitir olhar o Rio de um ponto de vista diferente.

Quase tão antiga quanto o Rio de Janeiro e situada à sua frente, a cidade foi fundada para proteger a região de novas invasões de piratas e potências estrangeiras após a expulsão dos franceses que, durante o século XVI, haviam estabelecido uma colônia na Baía de Guanabara. Inicialmente foi um reduto do cacique tupi Arariboia, aliado dos portugueses nas batalhas contra os franceses.

É justamente esse outro lado que torna o passeio ainda mais surpreendente e o que, provavelmente, fez o arquiteto Oscar Niemeyer aproveitar a paisagem da cidade quando projetou o **Museu de Arte Contemporânea de Niterói (MAC), no bairro de Boa Viagem**. O Museu, construído para abrigar as obras do colecionador João Sattamini, está posicionado no terreno como um mirante, o que permite que se desfrute da paisagem e também do próprio prédio, com seu extraordinário formato de "disco voador". Ali, o arquiteto entendeu como o céu e as suas cores também participam de maneira ativa na composição. Para chegar à Fortaleza de Santa Cruz é preciso passar pelo museu, portanto vale a pena uma pausa para a visita.

Ao se rodear a costa, passando pelo centro e seguindo em direção à fortaleza, ainda é possível sentir o grande impacto que os primeiros europeus tiveram com a paisagem tropical ao chegar à entrada da Baía de Guanabara. Além da impressionante beleza dos morros e da mata, a pedra do Pão de Açúcar guardando a entrada da baía é monumental.

À cidade, em um primeiro momento, no século XVI, aportaram três tipos de pessoas: os comerciantes e militares contratados pela Coroa Portuguesa, os marujos que

trabalhavam nos navios e também piratas e aventureiros em geral, mas esses em número menor.

Os primeiros relatos que chegaram à Europa sobre esse novo continente falavam de habitantes nativos bravos, canibais que comiam os seus inimigos assados ou grelhados no moquém, como mostra uma das gravuras mais famosas publicadas ainda no século XVI, em um livro que contava as aventuras do alemão Hans Staden no litoral brasileiro. Ele conseguiu a proeza de escapar duas vezes de ser devorado pelos habitantes locais na região entre Ubatuba e Bertioga, em São Paulo.

Outra grande diferença com relação às suas cidades de origem era a vegetação, as plantas e as florestas. Grande parte da Europa Ocidental, nesse período, já havia sido totalmente desmatada para o plantio de trigo e outros cereais. As florestas que sobraram tinham, em geral, árvores de uma ou duas espécies, como os pinheiros, portanto muito uniformes. Mas aqui... A natureza enlouquecia e as árvores chegavam até dentro da água. Em dias de sol, até hoje é possível ver não apenas a beleza do mar aberto e a entrada da Baía de Guanabara com o Forte São João de um dos lados e o de **Santa Cruz** do outro, mas também a montanha conhecida como Dedo de Deus, que fica na entrada do Parque Nacional da Serra dos Órgãos, em Teresópolis.

O passeio pode ser feito indo-se direto à Fortaleza ou com duas paradas: saindo do Rio, a primeira, especialmente para quem gosta de cozinhar, deve ser no Mercado de Peixe São Pedro, que tem uma enorme variedade de peixes e frutos do mar. De acordo com a estação é possível encontrar trilhas, congros, enxadas, cavalinhas, siris de diversas cores, além de camarões, lulas e mariscos diferentes; e a segunda no Museu de Arte Contemporânea, que abriga uma coleção de arte contemporânea importante e também exposições temporárias.

A fortaleza tem 7.153 metros quadrados e foi a primeira a ser construída na Baía de Guanabara, em 1555. Seus calabouços, muralhas, guaritas, pátios e galerias são exemplos clássicos da arquitetura militar. A fortaleza teve sucessivas reformas desde o século XVII e até hoje está ativa. Ela abriga a Artilharia Divisionária da 1ª Divisão do Exército. As visitas são guiadas e monitores explicam a sua história.

## MELHOR HORÁRIO

De segunda a sexta-feira, entre 9h e 14h. É mais vazio e permite que se aproveite melhor a paisagem.

## DURAÇÃO

A duração do passeio é de 4 horas.

## OBSERVE

No Museu, repare o formato do prédio e o belíssimo reflexo dele e do céu na superfície do espelho d'água.

Na fortaleza, observe e avalie o enorme esforço feito para construir a muralha de pedra do século XVII.

Sobre a vista do mar aberto, aprecie o Pão de Açúcar do mesmo ângulo dos viajantes e desbravadores de antigamente. A vista do Pão de Açúcar e da cidade do Rio de Janeiro de um lado e do mar aberto do outro é imbatível, e capaz de nos transportar em um piscar de olhos ao tempo em que a cidade era o objeto de desejo de aventureiros e piratas franceses.

Hoje, a fortaleza parece pequena, mas as instalações eram muito boas e modernas para o seu tempo.

## MERECE

Uma visita ao Museu de Arte Contemporânea de Niterói, para ver trabalhos de artistas brasileiros importantes.

Não é sempre que se vai até Niterói, por isso aproveite a oportunidade para comprar peixes fresquíssimos a fim de levar para casa. Leve uma caixa de isopor com bastante gelo no carro.

## LEMBRE-SE

Leve um chapéu e passe filtro solar. A fortaleza foi construída em cima de uma pedra e, em dias de sol faz muito calor. Porém, não se deixe enganar pela brisa em dias de sombra e mormaço; proteja-se para não se queimar.

Carregue uma garrafa de água na mochila para beber durante a visita.

Leve algumas frutas para comer durante o passeio.

## COMO CHEGAR

Para chegar a Niterói é possível pegar uma barca no terminal de barcas na Praça XV no centro da cidade – o desembarque é também no centro de Niterói. Para quem vai de carro, o caminho é pela ponte Rio-Niterói. Siga em direção ao centro da cidade e acompanhe a orla até alcançar a entrada da Fortaleza de Santa Cruz, após passar pela enseada de Jurujuba. O local é lindo, apesar de muito pobre e com uma favela na beira da rua, logo antes de chegar à estradinha de acesso à Fortaleza.

· · · · · · · · · · · · · · · · · · · · · · · · · · · · · · · · · · · · · ·

## ONDE COMER

### MERCADO DE SÃO PEDRO
O charme especial do Mercado de São Pedro é que ali é possível escolher e comprar um peixe e, em seguida, subir para a sobreloja, na qual pequenos restaurantes o preparam de acordo com a sua preferência.

No bairro da Ponta da Armação, conhecido como Portugal Pequeno, por ser onde se reuniam barcos baleeiros no século XVIII, tem um restaurante muito bom, A Gruta de Santo Antônio. É melhor reservar mesa, porque é bastante conhecido.

· · · · · · · · · · · · · · · · · · · · · · · · · · · · · · · · · · · · · ·

# ENDEREÇOS

### MERCADO DE PEIXES SÃO PEDRO
Rua Visconde do Rio Branco, 55, Ponta d'Areia, Niterói
**Tel.:** (21) 2620-3446
**Horário:** de terça-feira a sábado, das 6h às 18h; e aos domingos, das 6h às 12h

### MUSEU DE ARTE CONTEMPORÂNEA
Mirante da Boa Viagem, s/nº, Boa Viagem, Niterói
**Tel.:** (21) 2620-2400
**Horário:** de terça-feira a domingo, das 11h às 18h

### FORTALEZA DE SANTA CRUZ
Estrada General Eurico Gaspar Dutra, s/nº, Jurujuba, Niterói
**Tel.:** (21) 2711-0462
(21) 2710-7840
**Horário:** de terça-feira a domingo das 9h às 16h
R$6,00

### RESTAURANTE GRUTA DE SANTO ANTÔNIO
Rua Silva Jardim, 148, Centro, Niterói
**Tel.:** (21) 2621-5701
**Horário:** feriados e de domingo a quarta-feira, das 11h30 às 17h; de quinta-feira a sábado, das 11h30 às 23h30

# RECEITAS
## BEBIDAS GELADAS

No calor, as bebidas prediletas são a cerveja, a cerveja e a cerveja. E a caipirinha, feita com cachaça, e sua variação com vodka, a caipiroska. Só que aos poucos, de uns anos para cá, apareceram outras opções. Primeiro chegou o saquê, junto com a grande moda de restaurantes japoneses que veio para ficar, depois as frutas vermelhas e o kiwi, a lima-da-pérsia e tantas outras que merecem ser experimentadas, uma de cada vez.

A grande bebida tipicamente brasileira era a batida, uma mistura de cachaça com algum suco de frutas. Havia dois sabores, limão e maracujá, até que as caipirinhas as substituíram completamente por algum tempo. Hoje, finalmente, a mesmice está ficando para trás com novas misturas e drinques deliciosamente diferentes.

**FORTALEZA DE SANTA CRUZ**

## BATIDA DE TANGERINA

A batida tradicional era feita com maracujá ou limão, mas frutas cítricas como lima-da-pérsia e tangerina combinam muito bem com a cachaça.

**INGREDIENTES**
12 tangerinas descascadas
4 doses de cachaça
4 cravos
4 colheres de chá de açúcar
4 ou mais xícaras de gelo picado

**MODO DE PREPARAR**
Solte delicadamente os gomos das tangerinas e corte-os ao meio. Retire os caroços e coloque-os em uma jarra. Polvilhe com o açúcar e distribua os cravos. Mexa e esmague-os suavemente, acrescentando a cachaça. Cubra tudo com o gelo bem picado, sirva em copos baixos e de boca larga. Para quem gosta de batida mais fraquinha, acrescente uma dose de água com gás ao copo.

**RENDIMENTO**
8 porções

## MACEDÔNIA DE VINHO BRANCO

A mistura é quase uma sobremesa quando preparada com uma quantidade grande de frutas e servida bem gelada. Utilize copos altos e com a boca larga.

**INGREDIENTES**
1 maçã vermelha (sem o miolo duro) cortada em lâminas finas
1 maçã verde (sem o miolo duro) cortada em lâminas finas
1 laranja-pera descascada e cortada em fatias finas
1 xícara de morangos picadinhos
1 xícara de framboesas e amoras
1/4 de xícara de jabuticabas
2 kiwis descascados e cortados em cubinhos
4 a 6 folhinhas de hortelã fresca
2 garrafas de vinho branco Cabernet Sauvignon

**MODO DE PREPARAR**
Misture as frutas, distribua em duas jarras e complete-as com o vinho bem gelado. Preencha um terço da altura da jarra com frutas e complete com o vinho. Guarde na geladeira até a hora de servir. Coloque um garfo de cabo longo junto da jarra para que as frutas, encharcadas de vinho, sejam pescadas e transferidas para os copos.

**RENDIMENTO**
20 porções

## SANGRIA

A bebida tradicional espanhola tem algumas variações, com mais ou menos frutas, só com laranja e limão, com um galho de folhas de hortelã. O importante é preparar uma bebida refrescante.

**INGREDIENTES**
1 e 1/2 litro de vinho tinto
1 copo de suco de laranja ou de água mineral gasosa
Suco de 1/2 limão-siciliano
A casca de 1 limão-siciliano cortada em espiral
2 ou 3 fatias de limão
1 pau de canela de 3cm
3 colheres de sopa de brandy ou Cointreau
2 ou 3 colheres de sopa de açúcar (prove antes de acrescentar a última colher)
1 maçã vermelha descascada e cortada em quadradinhos
2 pêssegos cortados em cubos
Gelo para completar a jarra

**MODO DE PREPARAR**
A ideia aqui é fazer uma bebida gostosa, mas também deixar as frutas bem embebidas com a mistura do vinho com o brandy ou o Cointreau temperado com a canela. Misture todos os ingredientes em uma jarra e guarde na geladeira por pelo menos meia hora antes de servir. Despeje um pouco de frutas em cada copo, cubra com a sangria. Amasse um pouco as frutas cítricas para soltarem o caldo antes de servir. Leve ao congelador por aproximadamente 20 minutos antes de servir, para a jarra também ficar muito fria – dessa forma a sangria ficará gelada por mais tempo.

**RENDIMENTO**
8 ou 10 porções

**A VOCAÇÃO MARÍTIMA DO** Rio de Janeiro pode ser bem compreendida com um passeio pela região da Praça XV. Ali, durante o período colonial, ficava o antigo porto da cidade. À sua volta desenvolveu-se uma parte importante da vida da cidade e que ainda hoje é visível aos seus visitantes.

Os prédios em torno da praça abrigavam atividades como a administração colonial, a alfândega, fiscalização e estoque de mercadorias, além de ser o lugar onde ficavam o prédio dos Correios e o do Banco do Brasil – o primeiro banco do país. Durante muitos anos, apesar do grande número de pessoas que passavam pelo local a caminho da estação das barcas para Niterói e para a ilha de Paquetá, a praça ficou abandonada, mas, ainda assim, a sua importância histórica prevaleceu, e ela se manteve viva, com um mercado de pulgas que está lá desde os anos 1970 e que merece uma visita.

Os prédios em volta da praça, hoje restaurados e transformados em centro culturais, têm uma programação intensa com exposições de artistas brasileiros e internacionais, mostras multimídias, teatros e cinemas.

Olhando-se para o mar, à frente fica a estação das barcas para Niterói e para a Ilha de Paquetá. À direita fica o Paço Imperial, construído no século XVIII como moradia e local de trabalho para os governadores do Brasil. A partir de 1808, com a chegada da família real portuguesa e a transferência da sede do império português para a cidade, a importância política da região cresceu. D. João VI, o Rei de Portugal e do Brasil, utilizava o Paço Imperial como sua sede administrativa.

Na própria praça fica um chafariz construído pelo Mestre Valentim, escultor e arquiteto brasileiro, cuja obra pode ser vista em prédios e parques da cidade. O chafariz tem uma longa história para contar: além de ter substituído em 1789 outro mais antigo, ele abastecia de água fresca e limpa todos os navios do porto. A posição original do chafariz era na beira da água, portanto,

**PRAÇA XV E PORTO ANTIGO**

é possível calcular, a partir da sua posição atual, os diversos aterros ocorridos na região para ganhar áreas sobre o mar a fim de proteger a cidade de ressacas.

O porto era muito concorrido, apesar de só passar a receber oficialmente navios de outras nações a partir de 1808; ainda assim, por ali passavam todas as exportações de produtos coloniais da região, como o açúcar, o algodão e o índigo. Além de exportador, era também um centro de barcos baleeiros.

Hoje mal dá para imaginar, mas baleias jubarte e franca paravam na Baía de Guanabara em sua migração anual. A caça à baleia era uma atividade econômica importante: a sua gordura era transformada em óleo e utilizada na iluminação das ruas e como parte da argamassa na construção civil.

Outra visita imperdível é ao prédio da antiga alfândega, com seu teto abobadado. Hoje, ali funciona o centro cultural **Casa França-Brasil**. O projeto é de Grandjean de Montigny, um arquiteto que no começo do século XIX construiu alguns prédios importantes na cidade. Localizados mais adiante estão os antigos armazéns alfandegários que fazem parte do Espaço Cultural da Marinha.

## MELHOR HORÁRIO

O ideal é unir uma visita a pelo menos uma das muitas exposições dos centros culturais da região com um dos dois passeios que saem do Espaço Cultural da Marinha – a visita à Ilha Fiscal e o passeio pelos pontos mais importantes da Baía de Guanabara em um rebocador de 1914 restaurado, o Laurindo Pitta.

## DURAÇÃO

Passeio curto: 2 horas com um passeio a um dos centros culturais da região.

Passeio longo: 5 horas. Programe-se para um passeio que começa às 10h e termina no meio da tarde ou chegue logo depois do almoço ao Espaço Cultural da Marinha e termine com uma visita a um dos centros culturais na Praça.

## OBSERVE

Dê uma olhadela do lado esquerdo da Praça, por baixo do Arco do Teles, para ter uma boa ideia de como era a cidade com suas vielas estreitas e escuras, antes de 1904, quando, para melhorar a saúde pública, reformaram a parte mais antiga da cidade e as ruas e construções ficaram mais amplas e arejadas.

## MERECE

Esse é um excelente passeio para a época de férias, e pode ser feito sozinho ou com uma turma. Para quem não é morador é a melhor maneira de entender a história da formação da cidade com seus prédios antigos e, ao mesmo tempo, ao se visitar as exposições e atividades atuais, captar a sua personalidade.

Levar as crianças para conhecer o elevador antigo do Centro Cultural dos Correios.

Mostrar o chafariz da Praça XV e contar a sua história.

## LEMBRE-SE

Prepare o seu roteiro antes de sair de casa. A região da Praça XV tem um tráfego intenso de carros e pedestres.

## ONDE COMER

**CONFEITARIA COLOMBO**
Almoçar ou lanchar em uma das duas confeitarias mais antigas da cidade ajuda a manter o clima de Rio Antigo do passeio.

Na Confeitaria Colombo é possível almoçar um bufê no segundo andar ou fazer um lanche reforçado no primeiro andar com clássicos como o clube sanduíche, salgadinhos e doces variados, inclusive os tradicionais doces de ovos de origem portuguesa. A confeitaria funciona no mesmo local desde 1894 e tem ainda uma pequena filial no Forte de Copacabana. Não deixe de levar para casa uma lata de biscoitos Leque, fabricados desde 1920.

A Casa Cavé, confeitaria fundada em 1860, era famosa por seus sorvetes, coisa rara em tempos sem geladeira e, hoje, serve uma infinidade de salgados, doces e biscoitinhos com nomes pitorescos, como Petit Jesuítas, um folheado com suspiro e castanhas.

# ENDEREÇOS

### PAÇO IMPERIAL
Praça XV de Novembro, 48, Centro
**Tel.:** (21) 2533-4407
**Horário:** de segunda a sexta-feira, das 13h às 17h

### CASA FRANÇA-BRASIL
Rua Visconde de Itaboraí, 78, Centro
**Tel.:** (21) 2332-5120
**Horário:** de terça-feira a domingo, das 10h às 20h

### CENTRO CULTURAL DOS CORREIOS
Rua Visconde de Itaboraí, 20, Centro
**Tel.:** (21) 2253-1580
**Horário:** de terça-feira a domingo, das 12h às 19h
www.correios.com.br

### CENTRO CULTURAL DO BANCO DO BRASIL (CCBB)
Rua Primeiro de Março, 66, Centro
**Tel.:** (21) 3808-2020
**Horário:** terça-feira a domingo das 9h às 21h
http://bit.ly/JKEFWy

### CHAFARIZ DO MESTRE VALENTIM
Praça XV, próximo à avenida Alfredo Agache, s/n, Centro

### FEIRA DE ANTIGUIDADES
Avenida Alfredo Agache, s/n, Centro
**Horário:** aos sábados, das 5h às 15h

### CONFEITARIA COLOMBO
Rua Gonçalves Dias, 32, Centro
**Tel.:** (21) 2505-1500
**Horário:** de segunda a sexta-feira, das 9h às 20h;
sábados e feriados, das 9h às 17h
www.confeitariacolombo.com.br

### CASA CAVÉ
Rua Sete de Setembro, 137, Centro
**Tel.:** (21) 2222-2358
**Horário:** de segunda a sexta-feira, das 9h às 19h;
sábados, das 9h às 13h
www.confeitariacave.com.br

## LIVRARIA CULTURA
Localizada no antigo Cinema Vitória, funciona também como centro cultural com um teatro e café.
Rua Senador Dantas, 45, Centro
**Tel.:** (21) 3916-2600
**Horário:** segundas a sábados, das 9h às 21h, e domingos e feriados das 13h às 21h.
Veja outros endereços no site da livraria:
www.livrariacultura.com.br

## LIVRARIA DA TRAVESSA
Rua Sete de Setembro, 54, Centro
**Tel.:** (21) 3231-8015
Endereço das outras lojas no site:
www.travessa.com.br

# RECEITAS
## SOPAS

Inaugurado em 1907, o antigo Mercado Municipal do Rio de Janeiro era um lindíssimo galpão de ferro forjado que ocupava uma área de mais de 20 mil metros quadrados de frente para o mar na Praça XV. Da estrutura original sobrou apenas uma das torres, onde o restaurante Albamar está desde 1933. Ali funcionava o principal centro atacadista que abastecia a cidade de legumes e verduras; logo ao lado estava o entreposto de pesca, o antigo mercado de peixe. Todas essas ocupações foram transferidas para outras regiões da cidade há muito tempo. A região era rodeada de botequins que hoje, quase todos, se transformaram em restaurantes que trabalham com comida a quilo. Os donos das barracas de feira se abasteciam no mercado e revendiam frutas e legumes nas feiras livres em diferentes bairros da cidade.

As feiras sempre garantiram uma boa variedade de legumes, verduras e frutas na mesa carioca. Se no almoço o prato principal era o arroz e feijão, à noite a refeição começava com uma sopa, mesmo no verão. Era um hábito que perdurou em muitas famílias até os anos 1970.

## SOPA DE ABÓBORA COM CARNE-SECA

A abóbora é um ingrediente apreciado na alimentação. É possível encontrá-la de várias maneiras no cardápio carioca: como sopa, purê e refogada com carne-seca, um prato típico do Nordeste. A receita a seguir junta abóbora e carne-seca de um jeito diferente.

**INGREDIENTES**
500g de polpa de abóbora, aproximadamente 650 g de abóbora com a casca
4 xícaras de água
400g de carne-seca
1 folha de louro
6 grãos de pimenta-do-reino
2 dentes de alho
2 colheres de chá de sal
2 colheres de sopa de azeite
Molho de pimenta (pode ser Tabasco)

**MODO DE PREPARAR**
É sempre gostoso servir uma sopa apimentada e ao mesmo tempo muito fresquinha. No verão é um ótimo abre-alas para o jantar e fica mais gostosa quando servida em xícaras de cafezinho.

Na véspera, deixe a carne-seca de molho coberta com água fria. Troque uma ou duas vezes a água. Cozinhe-a com os grãos de pimenta e a folha de louro, apenas coberta com água. Quando estiver bem macia, retire a carne da água e desfie-a em tiras finas. Coloque as tiras de carne em uma vasilha, molhe-as com o azeite e tempere com o molho de pimenta a gosto. Polvilhe com meia colher de chá de sal.

Descasque a abóbora, corte a polpa em pedaços, cozinhe no fogo baixo com meia xícara de água. Assim que estiver macia, tempere com sal e bata com um mixer para obter um purê bem macio. Acrescente o restante da água apenas até obter uma sopa grossa. Espalhe a carne em uma assadeira no forno quente e doure-a até estar bem aquecida – não espere escurecer, pois ficará ressecada. Sirva a carne quente com a sopa fria.

**RENDIMENTO**
4 porções

## SOPA DE BETERRABA

A beterraba foi trazida pelos imigrantes da Europa Central e da Rússia. O *borscht*, a sopa tradicional de diversos países do leste europeu, logo ganhou uma versão mais leve, de verão, com a beterraba cortada em fatias finas em uma salada.

**INGREDIENTES**
500g de beterrabas, aproximadamente 4 unidades
1 colher de chá açúcar
1 xícara de água mineral
1/2 colher de chá de sal

100g de picles de pepino ou conserva de pepino japonês
1 xícara de creme de leite
1 limão
Pimenta-do-reino branca moída na hora

**MODO DE PREPARAR**
A receita reúne o sabor adocicado da beterraba e o azedinho do pepino em conserva.

Cozinhe as beterrabas no vapor. Elas podem ficar com as cascas, assim é mais fácil descascá-las depois. Bata as beterrabas, já descascadas e cortadas em pedaços grandes, no liquidificador. Quando a sopa estiver cremosa acrescente o açúcar e metade da água. Se a sopa ficar grossa demais acrescente um pouco mais de água. Tempere com o sal.

Coloque o creme de leite em uma vasilha e misture-o com o suco de meio limão. Normalmente, essa quantidade é suficiente para engrossá-lo; se precisar acrescente mais limão, mas aos poucos, para o creme não ficar muito ácido.

Distribua a sopa em xícaras de consomê e sirva com o creme de leite azedo e os pepinos cortados em fatias quase transparentes de tão finas.

**RENDIMENTO**
4 porções

## SOPA DE CENOURA GELADÍSSIMA

**A receita é leve, refrescante e perfeita para servir em um jantar entre amigos ou para depois da praia.**

**INGREDIENTES**
3 xícaras de caldo de vegetais
500g de cenouras, aproximadamente 6 unidades
1cm de raiz de gengibre ralada
1/2 xícara de água
1/2 colher de chá de sal
150g de ricota
1/2 colher de chá de curry em pó, só para polvilhar a ricota
Molho de pimenta

Caldo de vegetais
3 xícaras de água
2 folhas de louro
1 colher de chá de sal
2 talos de aipo
1 tomate

**MODO DE PREPARAR**
A sopa é quase um sorvete de tão gelada, perfeita para os dias quentes do verão e ainda por cima, por causa do gengibre, limpa o paladar para os temperos e aromas dos pratos servidos em seguida. Essa é uma sopa que pode ter alguns de seus sabores modificados. Por exemplo, no lugar da ricota acrescente tomates-

-cereja picadinhos ou queijo minas esmagado misturado com salsa e cebolinha.

Prepare o caldo cozinhando todos os ingredientes até o aipo amolecer. Guarde-o na geladeira se não for preparar a sopa em seguida. Cozinhe a cenoura já descascada e cortada em pedaços no caldo.

Bata a cenoura, o gengibre ralado e parte do caldo no liquidificador para obter um purê. Acrescente o restante do caldo gelado aos poucos. Tempere com sal.

Distribua as porções de sopa em pequenas tigelas. Guarde no congelador por aproximadamente 20 minutos e sirva com pão tipo pita torrado, com a ricota cortada em quadradinhos e polvilhada com o curry. Sirva em seguida um prato com carne ou frango.

**RENDIMENTO**
4 porções

# O Rio de Janeiro de todas as preces

**UM PASSEIO PELAS ANTIGAS** igrejas é também uma visita ao passado da cidade, já que a colonização portuguesa, além de seu aspecto econômico, incluía a pregação e a conversão das populações locais e das para cá transportadas. Nelas é possível se entender como funcionava a estrutura social de quem viveu no Rio de Janeiro entre os séculos XVII e meados do XIX.

A arquitetura religiosa colonial teve o seu apogeu na segunda metade do século XVIII. Nesse período o ouro produzido em Minas Gerais e o açúcar nos engenhos de cana-de-açúcar do Rio de Janeiro eram embarcados para Portugal pelo porto da cidade. Foi um momento de enorme enriquecimento para o império português. Essa riqueza se mostra principalmente nas igrejas construídas e ornamentadas em estilo barroco e rococó, com altares, colunas, paredes e imagens de santos profusamente decorados com entalhes recobertos com folha de ouro.

Durante esse período, boa parte da atividade social da população era organizada em torno das igrejas. Além das atividades diárias, como missas, confissões e atendimento social, havia também muitas oportunidades de encontros para organizar as procissões e as festas em homenagem aos dias dos santos padroeiros das igrejas e capelas.

A riqueza das igrejas reflete outros aspectos da vida na cidade, entre elas a necessidade de uma parte dos seus habitantes expressar, fora de casa, a sua adaptação às regras da colônia, onde apenas a religião católica era permitida. As demais deveriam ser reprimidas – cristãos-novos, africanos, europeus da região da Reforma e nativos precisavam ser catequizados e, de acordo com a legislação colonial portuguesa, mantidos dentro da religião católica.

Assim, tanto as ordens religiosas e as organizações leigas a elas ligadas – as Ordens Terceiras – quanto os grupos reunidos em torno de interesses específicos – as

Irmandades – construíram lindas igrejas como manifestação de sua fé. Para se ter uma fotografia da vida diária nesse período é importante entender que, se por um lado a cidade não teve um tribunal da Inquisição instalado em seu território, o que permitiu aos cristãos-novos manter discretamente as suas tradições ligadas ao judaísmo e aos africanos manter as suas religiões originais, por outro prestava contas sobre a fidelidade de seus habitantes à metrópole. Portanto, a vida em torno das igrejas era muito importante.

A Igreja de Nossa Senhora da Lapa dos Mercadores, por exemplo, foi construída por comerciantes, e até hoje é mantida pela mesma irmandade. Havia ainda aquelas ligadas às irmandades de escravos africanos libertos e escravos que, além de prestarem assistência social, estavam interessadas em comprar a alforria de seus participantes, como é o caso da Igreja de Nossa Senhora do Rosário e São Benedito dos Homens Pretos.

Por isso, visitar as igrejas mais antigas do centro velho do Rio de Janeiro é também uma rápida visita ao passado, com suas crenças e festas populares. Cada uma dessas igrejas, construídas entre o início do século XVIII e a metade do século XIX, representam em maior ou menor escala construções barrocas e rococós, e, como a Antiga Sé ou a sua vizinha de porta, a Igreja da Nossa Senhora do Monte do Carmo, têm em seu interior expressões importantes das artes decorativas do período.

Todos esses prédios sofreram reformas e melhorias que os descaracterizaram um pouco. No entanto, o estilo barroco carioca acabou por se tornar um parâmetro estético que só foi rompido com as construções modernas na segunda metade do século XX.

Pode parecer um número grande de igrejas a ser visitado – o passeio sugere oito delas –, mas para se experimentar o Rio do século XVIII é fundamental vivenciar esse excesso de dourados na decoração, um grande número de imagens de santos ricamente representados, ver repetidas vezes o fausto dos locais de preces e de festejos. E, desse modo, imaginar-se em uma cidade que, em certos dias, poderia ter mais de uma procissão cruzando as suas ruas, saindo de uma igreja para outra, escravos nas portas dessas igrejas vendendo doces e salgados ou oferecendo seus serviços, enfim, uma vida movimentada e, ao mesmo tempo, profundamente religiosa e participante da liturgia católica.

O passeio começa pelo Convento de Santo Antônio e pela Igreja da Ordem Terceira de São Francisco, no Largo da Carioca, segue pela Rua do Ouvidor até a Igreja da Nossa Senhora da Lapa dos Mercadores, continua nas Igrejas da Praça XV – Nossa Senhora do Carmo da Antiga Sé, Nossa Senhora do Monte do Carmo e Igreja da Santa Cruz dos Militares – segue pela Rua da Alfândega até a Igreja da Nossa Senhora da Mãe dos Homens e dirige-se ao Mosteiro de São Bento, terminando na Matriz de Santa Rita, no Largo de Santa Rita.

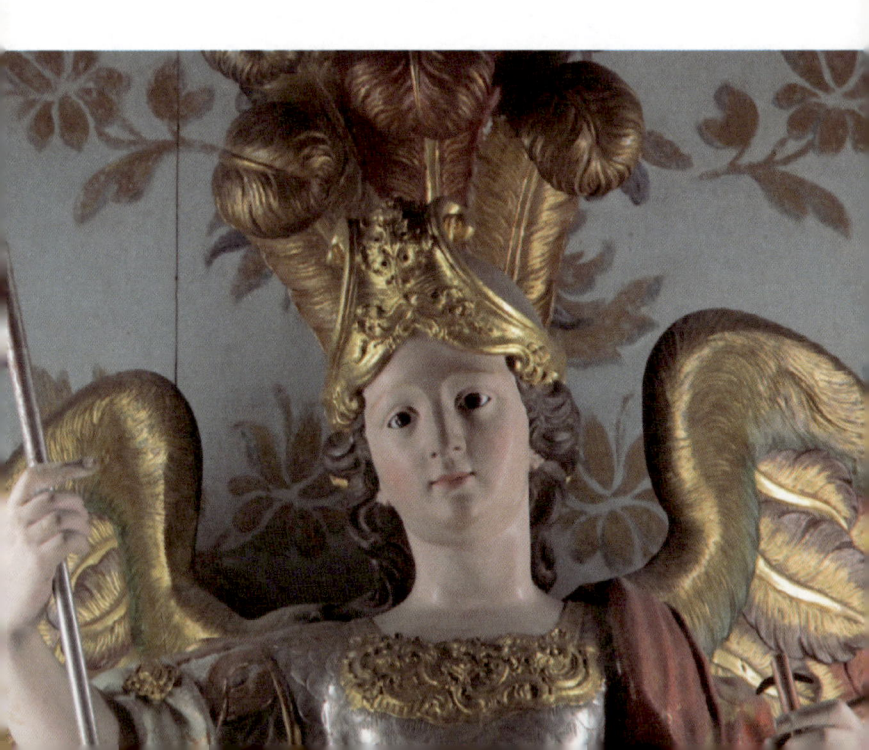

## MELHOR HORÁRIO

4 horas, a partir da hora do almoço.
Para quem tem pouco tempo: as igreja com a decoração barroca e rococó mais rebuscada são a da Ordem Terceira de São Francisco e a do Mosteiro de São Bento, com suas paredes e tetos totalmente entalhados e dourados.

..........................................

## OBSERVE

O passeio começa no Largo da Carioca, onde fica a estação Carioca do Metrô.
Visite o site para imprimir o mapa com as linhas de metrô da cidade: www.metrorio.com.br/mapas.htm
No convento de Santo Antônio, olhe a paisagem em volta para entender por que muitos conventos escolhiam um lugar alto para se instalar – ocupando uma posição de destaque na paisagem ao mesmo tempo que se protegiam de eventuais assaltos. A cidade foi invadida pelo corsário francês Dugay--Trouin em janeiro de 1711.

..........................................

## MERECE

Pare algumas vezes no caminho para tomar um suco de frutas em algum bar. Os sucos são naturais e batidos na hora. Os bares da região também preparam sanduíches com recheios gostosos.
Sente-se nas igrejas e olhe para cima para observar as pinturas dos tetos. Elas contam a história dos padroeiros das igrejas com grande riqueza de detalhes.
As ruas mais antigas em volta do Largo de Santa Rita foram construídas bem estreitas, para que os prédios projetassem as suas sombras do outro lado da rua e, ao mesmo tempo, estão posicionadas de modo a receber o vento encanado, refrescando ainda mais o Beco das Sardinhas. Ali, até nos dias mais quentes do ano a temperatura é agradável.

## COMO CHEGAR

Convento e Igreja de Santo Antônio (1620) e Igreja da Ordem Terceira de São Francisco da Penitência (1748). Um dos mais importantes conjuntos da arquitetura colonial luso-brasileira, construído entre final do século XVII e a primeira metade do século XVIII. O acesso ao alto do morro é feito por um elevador que fica à direita do Largo da Carioca, logo abaixo da igreja.

## ONDE COMER

**BAR OCIDENTAL**
No final da rua Miguel Couto fica o Beco das Sardinhas. Local apropriado para se sentar em uma das mesinhas e pedir uma porção de sardinhas fritas à milanesa com uma cerveja no Bar Ocidental, tradição há várias gerações de marinheiros, funcionários públicos e estudantes.

# ENDEREÇOS

### IGREJA E CONVENTO DE SANTO ANTÔNIO

Largo da Carioca, s/n, Centro
**Tel.:** (21) 2262-0129
**Horário:** de segunda a sexta-feira, das 8h às 18h;
aos sábados, das 8h às 11h
www.conventosantoantonio.org.br

### IGREJA DA ORDEM TERCEIRA DE SÃO FRANCISCO DA PENITÊNCIA

Largo da Carioca, 5, Centro
**Tel.:** (21) 2262-0197
**Horário:** de segunda a sexta-feira, das 9h às 12h e
das 13h às 16h

### IGREJA DO CARMO DA ANTIGA SÉ (1761)

O melhor horário para visitar a igreja é ao meio-dia, quando, em dias ensolarados, os raios de sol batem nas talhas douradas acima do altar, formando uma névoa iluminada. Cria-se a sensação de que a Nossa Senhora do altar principal está no céu.
Rua Sete de Setembro, 14
A entrada é pela rua Primeiro de Março, Centro
**Tel.:** (21) 2242-7766
**Horário:** de segunda a sexta-feira, das 8h às 17h;
sábados e domingos, das 10h às 14h

### IGREJA NOSSA SENHORA DO MONTE DO CARMO (1770)

Em especial, visite a capela das noviças, que ainda se conserva em seu estado original, inteiramente em estilo rococó, decorada com entalhes delicados pelo Mestre Valentim, o escultor mais importante do período. A igreja também é em estilo rococó, e o portal foi construído com pedras portuguesas utilizadas como lastro por navios que vinham da Europa para buscar ouro e açúcar.
Rua Primeiro de Março, s/n, Centro
A Igreja fica ao lado da Antiga Sé.
**Tel.:** (21) 2242-4828
**Horário:** de segunda a sexta-feira, das 8h às 16h

### NOSSA SENHORA DA LAPA DOS MERCADORES

Construída e decorada entre 1747 e 1771, em madeira policromada, a igreja está bem conservada. O seu tamanho sugere uma cidade pequena, com poucos comerciantes.
Rua do Ouvidor, 35, Centro
**Tel.:** (21) 2509-2339
**Horário:** de segunda a sexta-feira, das 8h às 14h

### NOSSA SENHORA MÃE DOS HOMENS

A igreja começou a ser construída em 1750 e foi terminada em 1803. Junto com a Igreja de Nossa Senhora da Lapa dos Mercadores e a Matriz de Santa Rita de Cássia, pode ser descrita, ainda hoje, como um dos locais onde a população celebra a sua fé, diferente da Igreja do Carmo da Antiga Sé, frequentada pela família real portuguesa enquanto morou no Rio de Janeiro.
Rua da Alfândega, 54, Centro
**Tel.:** (21) 2253-0665
**Horário:** de segunda a sexta-feira, das 8h às 14h

### MOSTEIRO DE SÃO BENTO

Pequeno e precioso, localiza-se no alto de uma colina. Foi fundado em 1590. Pode ser visitado diariamente, mas o melhor é visitá-lo nos horários das missas cantadas com canto gregoriano.
A igreja tem dois acessos: na rua D. Gerardo, 68, Centro, para subir pela rampa, ou no número 40 para subir de elevador.
**Tel.:** (21) 2206-8100
**Horário:** diariamente das 7h às 18h. Missas com canto gregoriano: de segunda a sexta-feira, às 7h30;
sábados às 17h; domingos às 11h45 e 17h30
www.osb.org.br/mosteiro

### MATRIZ DE SANTA RITA DE CÁSSIA (1721)

A igreja, que conserva a sua decoração, tem um dos mais antigos retábulos da cidade, de 1753. Como até hoje mantém as suas atividades, ao visitá-la é possível conviver com os moradores da região central.
Largo de Santa Rita de Cássia, s/n, Centro
**Tel.:** (21) 2233-2731 e 2253-7564
**Horário:** a igreja abre para a celebração de missas, de segunda a sexta-feira, às 8h, 10h, 12h15 e 18h;
sábados, das 8h às 11h; domingos das 7h às 10h30
www.matrizdesantarita.org.br

## BAR OCIDENTAL

Rua Miguel Couto, 124 C, Centro
**Tel.:** (21) 2253-4042
**Horário:** de segunda a sexta-feira, das 8h às 22h;
sábados, das 8h às 16h

## QUINA DE OURO REI DAS SARDINHAS

Quase em frente ao Ocidental, em um sobrado bem na esquina da avenida Marechal Floriano com a rua Miguel Couto, fica um botequim que errou de vocação: não sabe fazer as sardinhas à milanesa, mas em compensação tem um dos melhores pastéis de queijo da região. A massa é crocante e o queijo, fresco.
Avenida Marechal Floriano, 4 (esquina com a Rua Miguel Couto), Centro
**Tel.:** (21) 2263-4643
**Horário:** de segunda a sexta-feira, das 8h às 22h

# RECEITAS
## PEIXES

O centro antigo do Rio, a própria Praça XV, abrigava dois polos importantes de abastecimento: um era o mercado central e o outro o entreposto de peixes. Ali chegavam os barcos de manhã bem cedo e traziam legumes de várias regiões em volta da cidade para abastecer os mercados. Não era muito simples abastecer uma cidade como o Rio, capital do país e situada em uma região insuportavelmente quente durante o verão. A proximidade às fontes de abastecimento acabou por definir o cardápio dos restaurantes que ficam nas ruas e vielas que desembocam na Praça XV, todos com muitos pratos de peixe e com uma cozinha que poderia ser definida como carioca-portuguesa. Os pratos que hoje fazem parte de diversos restaurantes e bares desenvolveram-se ao longo do século XX na então capital do país, quando senadores e deputados de outros estados almoçavam por ali. Afinal, os ingredientes eram considerados frescos, e também porque a região era próxima do antigo prédio da Assembleia Legislativa, o Palácio Monroe, que foi demolido em 1976.

## CIOBA COM MANTEIGA

O peixe, também conhecido como vermelho-cioba, é assado bem-temperado e, assim que sai do forno, é regado com um molho de manteiga.

**INGREDIENTES**
1 vermelho-cioba de 1,8 kg
2 limões-rosa
2 tomates de tamanho médio
1 colher de sopa de sal
1 colher de chá de molho de pimenta
1 colher de chá de pimenta-do-reino moída
1 xícara de farinha de rosca
1/2 xícara de azeite
1/2 xícara de manteiga
1 pitada de noz-moscada
1/4 de colher de chá de sal

**MODO DE PREPARAR**
Lave o peixe por dentro e por fora e esfregue com o suco dos limões. Em seguida, espalhe o sal também por dentro e por fora do peixe. Forre uma assadeira com papel alumínio. Arrume o peixe em cima e distribua as fatias de tomate e as sobras dos limões espremidos no ventre. Polvilhe com pimenta-do-reino e pingue o molho de pimenta sobre o peixe. Espalhe a farinha de rosca por cima e regue com o azeite.
    Asse a cioba por aproximadamente 30 minutos no forno bem quente. Desligue o forno, mas não retire a assadeira para não esfriar. Em uma frigideira pequena no fogo médio, escureça a manteiga até ficar cor de caramelo claro, acrescente a noz-moscada e o sal. Regue o peixe com a manteiga e sirva com pão.

**RENDIMENTO**
2 a 3 porções

## ROBALO RECHEADO

Ressalte o sabor delicado e a carne firme do peixe com poucos temperos e lembre-se de não assar por mais tempo do que o necessário para não desidratá-lo e, assim, perder completamente o gosto.

**INGREDIENTES**
1 robalo com 2,4kg aberto pela parte superior e sem a coluna vertebral
2 colheres de chá de sal
1 cebola
4 colheres de sopa de azeite
2 tomates tipo italiano bem maduros
1 colher de sopa de salsa picada
1/2 colher de chá de pimenta-do-reino moída na hora
Suco de 1 limão

**MODO DE PREPARAR**
Lave bem o robalo em água corrente e esfregue-o por dentro e por fora com o sal e o suco de limão. Encha o ventre com a cebola cortada em rodelas, com os tomates cortados em fatias finas (pode deixar as sementes), a salsa e a pimenta moída na hora.

Coloque o peixe em uma assadeira forrada com papel alumínio e regue-o por dentro e por fora com o azeite. Asse o peixe por aproximadamente 45 minutos no forno baixo, 180°C, previamente aquecido. O tempo deve ser calculado em função do peso, então, se estiver assando mais de um peixe, porém de tamanho menor, asse por menos tempo. Se o forno tiver um grill, doure o peixe rapidamente antes de levá-lo à mesa. Sirva o robalo com batatas cozidas ou douradas.

**RENDIMENTO**
4 porções

## SARDINHAS ASSADAS

**Peixe tradicional da cidade, o seu sabor é delicioso. Ele pode ser servido como um petisco ou como prato principal e, se sobrar alguma sardinha, ainda pode ser utilizada como recheio de um pãozinho francês com algumas fatias de tomate.**

**INGREDIENTES**
16 sardinhas pequenas
1 xícara de vinho branco
2 dentes de alho
Sal a gosto
1 colher de sopa de colorau
3 ou 4 colheres de sopa de azeite
1 xícara de farinha de trigo
Suco de um limão
Molho de pimenta e fatias de limão para acompanhar

**MODO DE PREPARAR**
Compre as sardinhas limpas e abertas em filé. Lave-as em água com o suco limão e depois escorra. Deixe-as de molho por duas horas no vinho misturado ao alho amassado, o colorau e sal a gosto.

Unte uma assadeira de barro bem grande com azeite. Passe os dois lados das sardinhas pela farinha, bata o excesso e arrume-as lado a lado na assadeira. Asse-as por 8 a 10 minutos de cada lado. Vire-as no forno para que fiquem bem crocantes.

Se preferir, asse-as na grelha em uma churrasqueira ou da maneira tradicional em um pequeno braseiro. Sirva com pão, azeite e alho ao forno e com um molho picante.

**RENDIMENTO**
4 porções

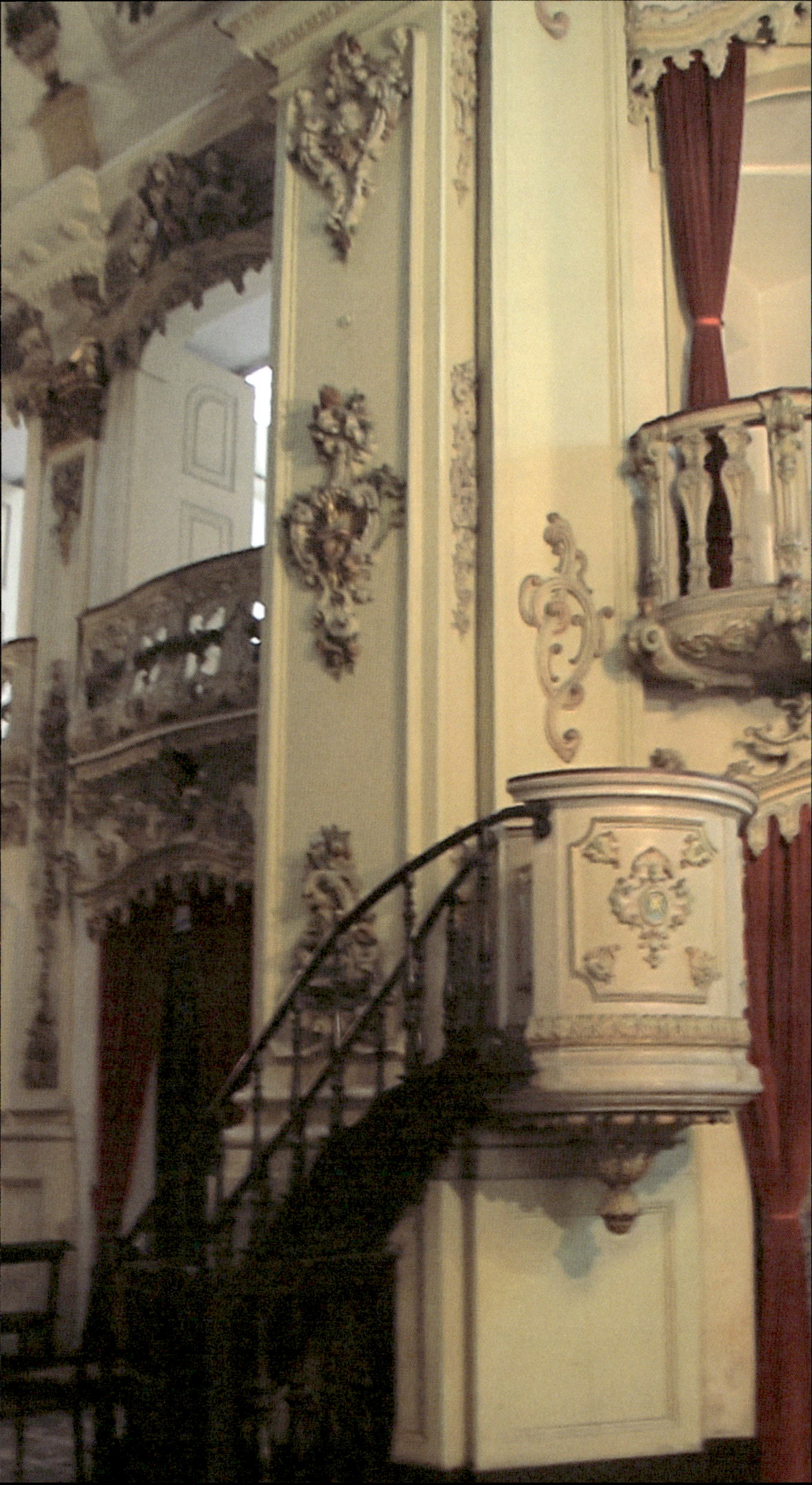

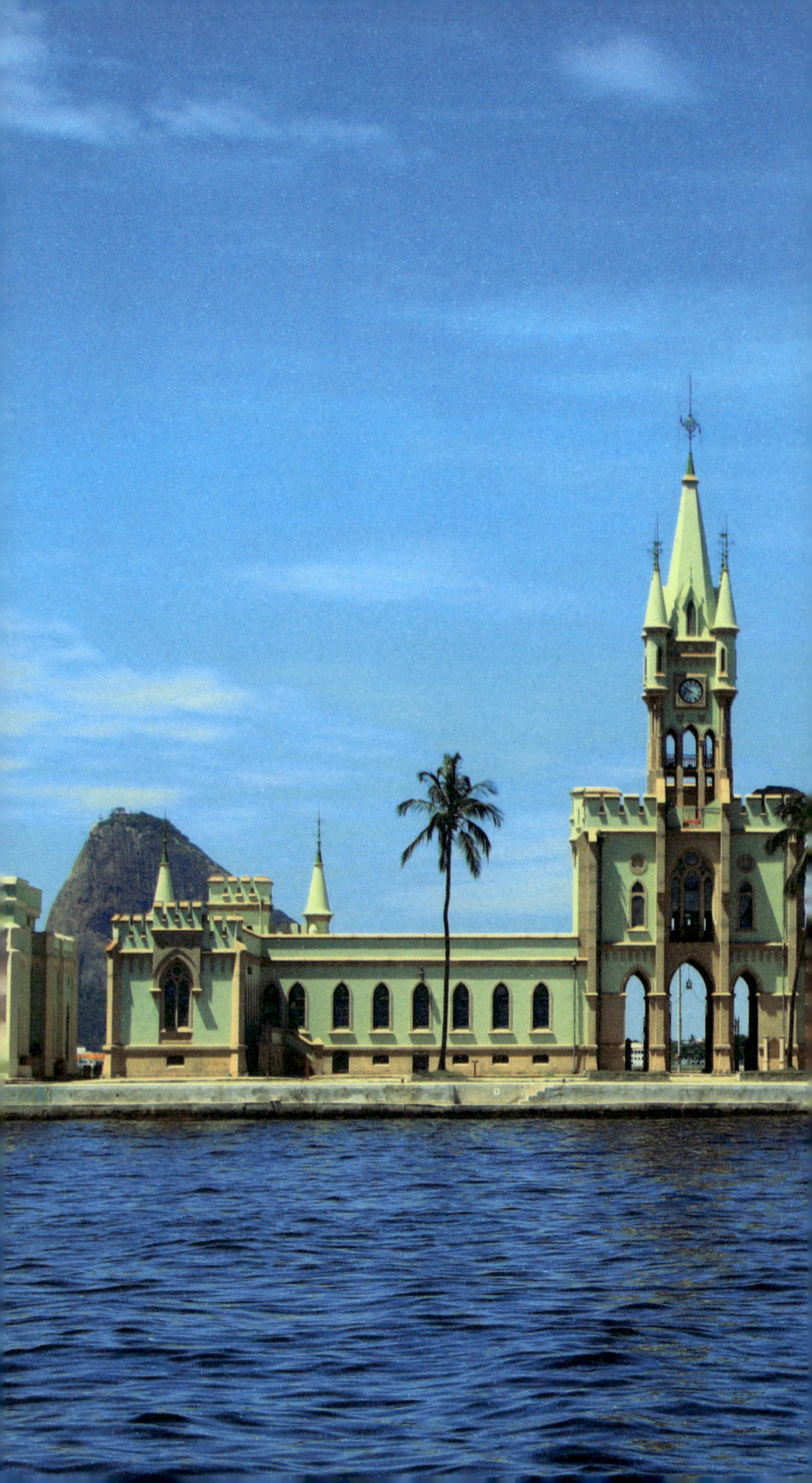

# Navios, barcos e Ilha Fiscal

## Passeio ao Espaço Cultural da Marinha

## A MARINHA BRASILEIRA ORGANIZOU

a área das antigas docas do porto do Rio de Janeiro com uma série de atrativos para público. Os dois mais importantes são a visita à Ilha Fiscal e uma volta de barco pelos pontos turísticos da Baía de Guanabara em um rebocador de 1914.

Ainda no local, é possível visitar um navio contratorpedeiro que serviu na Segunda Guerra Mundial, um submarino e uma cópia de uma nau holandesa do século XVII.

No prédio das antigas docas, onde fica a bilheteria para os passeios à Ilha Fiscal e no rebocador Laurindo Pitta, está uma enorme galeota de 1808 pintada de verde alfacinha, com entalhes dourados, utilizada pela família imperial para se locomover dentro da Baía de Guanabara.

## A ILHA FISCAL

Toda criança brasileira aprende na escola que a gota d'água para a proclamação da República foi um baile. O último grande baile oficial do Império, homenagem à tripulação de um navio chileno, foi na **Ilha Fiscal** no dia 9 de novembro de 1889, e a República foi declarada em 15 de novembro do mesmo ano.

A ilhota, muito pequena, fica em frente à Praça XV, e tinha como principal função, como o nome indica, fiscalizar as mercadorias e cobrar os devidos impostos de todos os navios que entrassem e saíssem do porto do Rio de Janeiro.

O prédio, com a aparência de um castelo em miniatura, era, e ainda é, um lugar perfeito para um baile. Chegava-se de barco e, em dias de mar tranquilo, isso ainda é possível, e certamente mais charmoso. E, para o famoso baile que entrou para a história como o último do Império, levaram as mesas, as cadeiras, as orquestras e o serviço para lá antes de os convidados chegarem.

Para dar uma noção ao público de hoje como foi o baile da época, reproduziram uma saleta e a sala de jantar com móveis do período. No andar superior, na antiga sala do supervisor da Alfândega, há um lindo teto azul com estrelas douradas. E a vista da Baía de Guanabara aparece em diferentes ângulos e surpreende.

## REBOCADOR LAURINDO PITTA

Dá para se sentir um aventureiro cruzando a Baía de Guanabara em um barco pequeno que há cem anos presta serviços à população. Se antes rebocava navios para dentro e fora do porto da cidade, agora ele leva os visitantes a conhecer os seus pontos mais interessantes. Com ele é possível ver o Forte São João, com as suas praias, a Fortaleza da Lage, uma pedra gigantesca que domina e protege a entrada da cidade, passar por baixo da Ponte Rio-Niterói e ver uma infinidade de ilhas distribuídas pela baía.

## MELHOR HORÁRIO

Esse passeio deve ser realizado em dias bonitos ou sem chuva. Como tanto a visita à Ilha Fiscal quanto o passeio no rebocador são no começo da tarde, pode ser interessante começar com uma visita à Praça XV e seu entorno, comprar ingresso para o passeio – a bilheteria abre às 12h –, almoçar e voltar próximo à hora marcada.

## DURAÇÃO

O passeio no Rebocador Laurindo Pitta demora uma hora e meia e parte do Espaço Cultural da Marinha.

## OBSERVE

É interessante aproveitar a visita ao Espaço da Marinha para conhecer os demais navios estacionados no Centro Cultural da Marinha: um contratorpedeiro, um submarino e uma reprodução de uma nau holandesa do século XVII. As crianças adoram esse tipo de visita.

A Baía de Guanabara, embora ainda poluída, tem uma enorme quantidade de peixes e de vida marinha, inclusive com tartarugas. Há também um número enorme de pássaros com cores e tamanhos variados.

## LEMBRE-SE

De comprar ingresso para o passeio às 15h no rebocador Laurindo Pitta, assim dá tempo de almoçar e não enjoar com o balanço do mar.

Leve água e um chapéu para o passeio à Ilha Fiscal e para o passeio de barco. Para completar, leve também algumas frutas secas e castanhas.

## ONDE COMER

### RIO MINHO
Quase em frente à Praça XV está o Rio Minho, um dos melhores restaurantes de comida carioca-portuguesa tradicional. O Rio Minho é também o mais antigo da cidade, de 1884. A especialidade da casa são os frutos do mar. Para comer bem, evite os horários de pico; aproveite para almoçar um pouco mais tarde, quando a maior parte da clientela já voltou ao trabalho.

Escondido no prédio do Clube Naval está O Navegador, um dos bons restaurantes para almoçar em um lugar com personalidade no centro da cidade. O cardápio é criativo, e os ingredientes utilizados privilegiam produtores locais.

## ENDEREÇOS

### ESPAÇO CULTURAL DA MARINHA

Avenida Alfredo Agache, s/n, Praça XV, Centro
www.mar.mil.br/dphdm
O Complexo Cultural da Marinha não abre nos seguintes dias: 1º de janeiro, Carnaval, Sexta-feira da Paixão, 2 de novembro e em dezembro nos dias 6, 24, 25 e 31.

### REBOCADOR LAURINDO PITTA – PASSEIO MARÍTIMO PELA BAÍA DE GUANABARA

**Horário:** de quinta a domingo, às 13h15 e às 15h15
**Duração:** uma hora e vinte minutos
**Venda de ingressos:** nos dias do passeio, das 11h às 15h
**Valores:** R$15,00 – adultos
R$ 7,00 – estudantes, crianças até 12 anos e adultos com mais de 60 anos
**Agendamento para grupos:**
(21) 2233-9165 ou (21) 2104-6992

### ILHA FISCAL

O acesso à Ilha Fiscal normalmente é feito pela escuna Nogueira da Gama. Quando a escuna está em manutenção ou em caso de mau tempo, o acesso é feito por micro-ônibus.
**Horário:** de quinta-feira a domingo; de abril a agosto: 12h30, 14h e 15h30; de setembro a março: 13h, 14h30 e 16h

### RIO MINHO

Rua do Ouvidor, 10, Centro
**Tel.:** (21) 2509-2338
**Horário:** de segunda a sexta-feira, das 11h às 16h

### O NAVEGADOR

Avenida Rio Branco, 180, 6º andar, Centro
**Tel.:** (21) 2262-6037
**Horário:** de segunda a sexta-feira, das 11h30 às 15h30
www.onavegador.com.br

### RESTAURANTE ALBAMAR

Praça Marechal Âncora, 186, Centro
**Tel.:** (21) 2240-8378
**Horário:** de segunda-feira a domingo, das 12h às 17h
www.albamar.com.br

# RECEITAS
# LEITERIAS E BOTEQUINS

As receitas a seguir são dedicadas a dois tipos de restaurantes: as leiterias, hoje em dia quase extintas; e os botequins tradicionais, que servem sanduíches de pernil ou presunto defumado.

Conhecidos como leiterias, esses restaurantes vendiam derivados de leite em um balcão e tinham mesas, nas quais serviam pratos rápidos que utilizavam a matéria-prima disponível. Por isso o cardápio com pratos com leite e creme de leite, como a língua cozida e o filé de frango servido com creme de milho ou creme de espinafre.

As leiterias reproduziam os pratos saudáveis servidos nas estações de água próximas ao Rio de Janeiro. Localizadas no estado de Minas Gerais, São

Lourenço, Cambuquira e Caxambu, são cidades que até hoje atraem visitantes por suas águas minerais medicinais e comida saudável. Surgiram como spas à moda europeia no final do século XIX e reuniam não só visitantes que buscavam férias recuperadoras, mas também os sanatórios da região – afinal, era um período em que os antibióticos não existiam e a tuberculose não tinha cura.

E, para dar um ar de limpeza a esses estabelecimentos, as suas paredes eram forradas de azulejos brancos ou algumas vezes azuis-claros.

Os botequins originais, com os tradicionais quitutes, espalhados pela cidade inteira, surgiram como boa opção de comida popular, mas, sobretudo, eram uma opção de trabalho para os imigrantes portugueses que chegavam de um Portugal extremamente pobre. A maioria era muito jovem e sem qualificação profissional.

Esses locais, em geral, serviam sanduíches de pernil, bolinhos de bacalhau e ovos cozidos no feijão – a cor da casca ficava azulada – com um dos aspectos mais feios possíveis. Diziam que se ingeridos junto com uma cerveja preta – falavam da marca Caracu –, matavam a fome dos trabalhadores, e assim podiam economizar na alimentação. Possivelmente é um mito alimentar.

Excelentes comerciantes, os proprietários desses botequins e armazéns estão na origem de muitas redes de supermercados e, sobretudo, deixaram um legado cultural muito importante. Hoje ninguém imagina o Rio sem o boteco e as suas especialidades – das competições pelo melhor bolinho de bacalhau, o rissole de feijão-preto ou os bolinhos de arroz, que migraram das cozinhas caseiras para o papo de fim de tarde com cervejas e caipirinhas.

## PEITO DE FRANGO GRELHADO COM CREME DE MILHO

Até hoje o creme de milho é parte do cardápio carioca – as crianças adoram e realmente é uma delícia em um almoço no verão. O creme de milho é considerado um prato leve para ser servido com filé de peixe ou peito de frango grelhado.

**INGREDIENTES**
*Para o creme de milho:*
1 xícara de grãos de milho cozido
1 xícara de leite
1/4 de xícara de vinho branco
2 colheres de sopa de farinha de trigo
1 colher de sopa de manteiga
1/4 de colher de chá de sal
Pimenta-do-reino a gosto
1 pitada de noz-moscada ralada na hora
*Para o peito de frango:*
2 peitos de frango
1 limão
1 dente de alho
1 colher de chá de sal
1 colher de sopa de manteiga derretida

**MODO DE PREPARAR**
O creme utiliza uma técnica básica da culinária francesa para engrossar molhos chamada de roux, uma mistura de farinha com manteiga à qual é acrescentado o leite misturado com os grãos de milho.

Bata os grãos de milho no liquidificador com um quarto de xícara de leite. Meça a farinha, o sal e o vinho. Deixe-os ao lado do fogão, perto da panela na qual for preparar o creme de milho.

Aqueça a manteiga no fogo baixo até derreter e fazer bastante espuma em sua superfície. Polvilhe a farinha de trigo e misture. Aqueça por alguns minutos.

Acrescente o vinho e mexa até a farinha dissolver e em seguida adicione o milho batido. Mexa até engrossar e começar a ferver. Polvilhe com um pouco de noz-moscada ralada. O ponto certo do molho é espesso, mas não pode ficar muito denso como um pudim.

O creme de milho pode ser preparado com certa antecedência. Se o molho engrossar demais até a hora de servir, acrescente mais um quarto de xícara de leite antes de aquecê-lo.

Lave os peitos de frango em água e esfregue-os com o suco de limão e o dente de alho esmagado. Derreta a manteiga em um potinho no forno de micro-ondas. Corte os peitos de frango ao meio na junta e, com uma faca bem-afiada e com a lâmina grande, divida cada pedaço ao meio, mas sem soltar as duas partes. O peito de frango vai ficar com a espessura mais fina e vai duplicar de tamanho.

Abra-os bem. Pincele com a manteiga derretida. E doure em uma grelha bem quente. Tempere-os com sal e sirva com o creme de milho.

O milho pode ser substituído por espinafre, para quem quiser uma boa dose de ferro.

**RENDIMENTO**
4 porções

## PRATO DE VERÃO

A primeira versão de um prato dietético, com poucas calorias e ainda assim com um pouco de graça para o paladar, era, como o nome diz, servido no verão. Durante o inverno as leiterias serviam uma canja grossa, dessas que ficam muito tempo no fogo, com bastante arroz.

**INGREDIENTES**
1 mamão papaia
2 fatias de melão
4 figos frescos
1 manga
2 fatias grandes de queijo minas
4 fatias de presunto cozido
2 ovos cozidos
Sal a gosto

**MODO DE PREPARAR**
No auge do verão, quando as temperaturas chegam a 40°C, as leiterias serviam um prato leve e refrescante.

Cozinhe os ovos levemente cobertos com água; retire-os da panela 6 minutos depois que a fervura começar para ovos com a gema macia ou 10 minutos para ovos com a gema dura. Coloque-os debaixo da água corrente para ajudar a casca a soltar.

À medida que for preparando os ingredientes, arrume-os nos pratos em que for servir. Nas leiterias eles já chegavam à mesa em pratos rasos, arrumados em porções individuais. Podem também ser servidos em uma travessa grande no centro da mesa; fica apetitoso e com aparência fresquinha.

Corte o mamão papaia ao meio, retire os caroços e descasque-o. Divida cada metade em três fatias no comprimento. Corte os talos dos figos, descasque-os e corte ao meio. Corte o melão ao meio no comprimento, e cada metade novamente ao meio – um quarto de melão para cada porção. Descasque a manga e corte a polpa em fatias finas.

Depois de arrumar as frutas nos pratos, acrescente as fatias de presunto enroladas como um charuto, a fatia de queijo ao lado e os ovos cortados ao meio no comprimento.

**RENDIMENTO**
2 porções

NAVIOS, BARCOS E ILHA FISCAL

## SANDUÍCHE DE CORDEIRO

Essa é uma versão diferente para o sanduíche de pernil. O cordeiro deve ser preparado na véspera ou dois dias antes de se utilizar nos sanduíches. Os temperos se espalham e a carne, que é servida fria, fica mais gostosa. O cordeiro pode ser substituído pelo pernil; nesse caso, acrescente uma fatia de abacaxi para um sabor agridoce.

### INGREDIENTES
1,8kg de perna de cordeiro
1 xícara de vinho tinto
1 colher de sopa de mostarda
4 dentes de alho descascados
2 colheres de chá de sal
1 galho de tomilho fresco
6 pães franceses
Mostarda, bem forte, para besuntar os pães
1 tomate cortado em fatias
6 folhas de alface
12 fatias de queijo prato

### MODO DE PREPARAR
Normalmente preparado com pernil de porco, ele equivale a uma refeição, por isso a quantidade de recheio deve ser bem generosa.

Lave rapidamente a perna em água corrente e seque-a com papel absorvente. Faça quatro furos na carne e espete os dentes de alho até desaparecerem. Esfregue-a, dos dois lados, com o sal e a mostarda. Acomode a perna de cordeiro em uma assadeira forrada com folha de alumínio. Coloque os ramos de tomilho sobre a perna, molhe com o vinho e feche a assadeira com outra folha. Deixe na geladeira até a hora de assar, no dia seguinte.

Asse a perna de cordeiro coberta por uma hora. Retire a folha de alumínio de cima e continue assando, até dourar, por aproximadamente mais meia hora. O forno deve ser alto: 220°C.

Escorra o molho de vinho que ficou na assadeira para uma panela, experimente, acerte o sal e dissolva uma colher de chá de manteiga no molho. Se a quantidade de molho for pouca, acrescente mais um pouco de vinho tinto e, se tiver em casa, uma xícara de caldo de carne.

Evite utilizar o caldo industrial, porque o seu sabor é mais forte que o da carne de cordeiro, sobrepondo-se ao seu gosto. Se não tiver caldo caseiro, aumente a quantidade de vinho ou coloque água.

Para preparar o sanduíche, espalhe meia colher de chá de mostarda em uma das fatias do pão, na outra molhe com uma colher de sopa do molho de vinho. Em seguida acrescente pelo menos quatro fatias bem finas do cordeiro, duas fatias de queijo e uma fatia de tomate.

### RENDIMENTO
6 porções

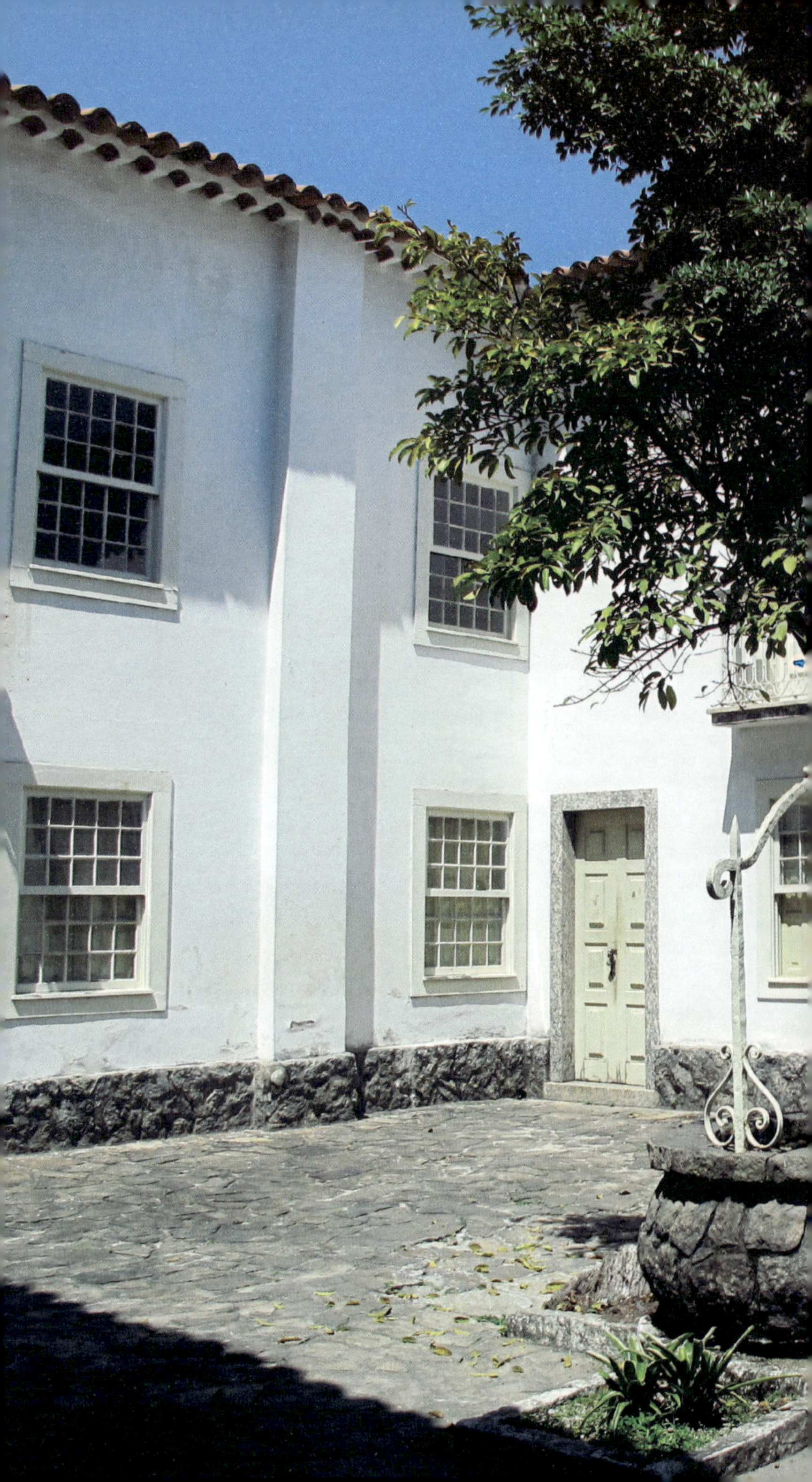

# Cais do Valongo, Morro da Conceição e o berço dos bambas

**CONTAR SOBRE A VIDA** na cidade é tão importante quanto visitar os lugares e os prédios que contribuíram para o jeito de ser dos habitantes locais. Por isso, fazer um passeio para homenagear o berço do samba é um verdadeiro encontro com a alma carioca, com a sua música mundialmente aclamada como original, rica, capaz de em poucos minutos capturar todos os forasteiros nascidos ou não no país.

Foi ali no bairro da Saúde que, em diferentes ondas, os imigrantes africanos e brasileiros de outros estados foram se aglomerando. Construíram suas casas na Gamboa e nas ladeiras dos morros da Conceição e Providência, durante os séculos XVIII e XIX.

O **Cais do Valongo**, que ficava logo em frente ao Morro da Conceição, era um dos lugares onde os navios negreiros atracavam e também onde os africanos escravizados aguardavam ser leiloados. Já naquela época, os morros próximos receberam muitos migrantes trazidos da Bahia desde 1835, devido à Revolta dos Malês, como eram chamados os africanos de etnias diversas que tinham em comum a religião muçulmana. Eles haviam se insurgido contra a escravidão.

Ao final da Guerra de Canudos, em 1897, o governo também trouxe da Bahia a população aprisionada. Esses exilados, ao chegarem ao Rio de Janeiro, fixaram-se nos morros acima dos trapiches do porto, local onde a maioria dos homens foi trabalhar e onde muitos de seus descendentes ainda mantêm a profissão de estivador. O Brasil recebeu entre 1500 e 1850 – quando o transporte de escravos foi proibido – quase cinco milhões de homens e mulheres de praticamente todas as etnias africanas.

Da mesma maneira como as ondas migratórias trouxeram pessoas de diferentes países africanos junto com seus descendentes para o bairro da Saúde, aos poucos a variedade de origens musicais começou a se consolidar, à medida que muitos músicos se reuniam em um largo da região. E foi assim que se criaram o ritmo e as formas de expressão que caracterizam a musicalidade carioca. Uma academia informal do samba, na qual o batuque e o jongo se transformaram e se consolidaram em um novo som, com grandes nomes como João da Baiana, Pixinguinha e Heitor dos Prazeres.

Porém, como música e cultura não nascem do nada, esses sambistas fundadores do ritmo também foram os primeiros a se tornar conhecidos fora de suas comunidades. Desde muito jovens, conviveram com as casas de santo – locais de culto afro-brasileiros cuidados por grandes mulheres, conhecidas como Tias –, que, já na segunda metade do século XIX, zelavam por sua origem africana. Mantinham e atualizavam as religiões trazidas por seus ancestrais da África e reorganizadas na Bahia. Foi na casa dessas mulheres que ritmos e estilos diversos do próprio samba, como o partido alto, apareceram. Foi ali, ainda, que surgiram os desfiles dos ranchos que, ao crescer o número de seus participantes, aos poucos se tornaram as escolas de samba atuais.

O passeio começa na antiga Praça da Imperatriz, onde ficava o Cais do Valongo, local onde os escravos eram desembarcados e leiloados. Hoje, devido a muitos aterros, o antigo cais está localizado ao final da rua Barão de Tefé. Na praça é possível contornar um pequeno sítio arqueológico com o cais que marca o limite do mar durante o parte do século XIX.

Mais tarde o cais passou a se chamar Praça da Imperatriz, porque foi também ali que desembarcou a primeira mulher do Imperador D. Pedro I, a Princesa Leopoldina da Áustria, uma naturalista muito preparada que fez questão de trazer para o país, como parte de seu dote, uma missão científica.

No final da praça, dobrando à esquerda na rua Sacadura Cabral, há uma placa sinalizando o Observatório do Valongo e a Pedra do Sal. A partir da Pedra do Sal sobe-se para o topo do morro.

A região da Praça Mauá e do cais do porto abriga o Museu de Arte do Rio (MAR), uma iniciativa da Prefeitura e da Fundação Roberto Marinho. Junto ao museu, com um programa de atividades integradas, funciona a Escola do Olhar, uma escola de educação continuada para professores e educadores. A nova escola dá seguimento a uma iniciativa importante, ainda da segunda metade do século XX, quando o Rio teve uma participação muito ativa na implantação de um movimento educacional nacional que visava recuperar a expressão livre de todos os indivíduos. Crianças e adolescentes passavam a ser compreendidos como capazes de criar e de se expressar de maneira individual.

A partir da Escolinha de Arte do Brasil, professores criaram um movimento que tirou as artes visuais dos museus, reconheceu a cultura popular brasileira como arte e democratizou as expressões visuais, incorporando a música, o teatro e as festas regionais como expressões individuais ou coletivas. E, assim, foi responsável pela inclusão da arte, tanto na sua prática quanto na convivência em museus no currículo escolar.

## MELHOR HORÁRIO

Diurno para passeios a pé e noturno, às segundas e sextas-feiras, às 20h, para quem for ao samba na Pedra do Sal.

## DURAÇÃO

2 horas

## OBSERVE

O morro é relativamente pequeno e, subindo-se pela escada à esquerda do largo João da Baiana, chega-se à rua Mato Grosso e, subindo-se mais um pouco, à rua do Jogo da Bola.
Para chegar até a Fortaleza de Nossa Senhora da Conceição, siga para a esquerda. Para ir até o Observatório do Valongo, siga para a direita e, em seguida, dobre na primeira rua à esquerda.

## MERECE

Ande devagar e observe as ruas estreitas com as casas fazendo sombra umas nas outras. A ocupação é antiga e a arquitetura colonial do século XIX ficou descaracterizada depois de tanto tempo. Mas, ainda assim, é muito agradável. A vista do mar está um pouco interrompida por prédios, mas o ventinho que sopra ali é delicioso.

## LEMBRE-SE

A rua do Jogo da Bola concentra os ateliês de artistas do bairro. Se estiverem abertos e seus proprietários disponíveis, faça uma visita curta. Antes de entrar, pergunte se pode ser atendido; ali é um lugar de trabalho, e voltar com hora marcada pode garantir uma visita com uma conversa atenciosa e interessante.

## ONDE COMER

**BECO DAS SARDINHAS.**
Em vez de voltar do passeio pelo mesmo caminho da ida, siga em frente, passe pela Fortaleza da Conceição e desça a rua Major Daemon, a ladeira bem em frente, até a rua Miguel Couto. O passeio termina no Largo de Santa Rita e no Beco das Sardinhas.

# ENDEREÇOS

### MAR – MUSEU DE ARTE DO RIO
Praça Mauá, 5, Centro
**Tel.:** (21) 3031-2741
**Horário:** de terça-feira a domingo, das 10h às 17h; o MAR é gratuito para determinados grupos. Veja as informações no item de serviços do site.
O museu oferece visitas guiadas previamente agendadas para grupos. Para marcar: agendamento@museudeartedorio.org
www.museudeartedorio.org.br

### CAIS DO VALONGO
Avenida Barão de Tefé, s/n, Centro, localizado na praça quase na esquina com a rua Sacadura Cabral.

### SAMBA DA PEDRA DO SAL
Na Pedra do Sal, um bloco de pedra gnaisse, no qual foram esculpidos degraus, fica um pequeno largo onde se reúnem sambistas e amigos do samba todas as segundas e sextas à noitinha.
Largo João da Baiana, s/n, Saúde
**Tel.:** (21) 99701-8905 / 97381-6490 (produção)
rodadesambadapedradosal.blogspot.com
**Horário:** segunda e sexta-feira a partir das 20h

### FORTALEZA DE NOSSA SENHORA DA CONCEIÇÃO E ANTIGO PALÁCIO EPISCOPAL
O local é bonito, com pátios internos e uma localização geográfica que era muito boa no século XVIII. Situada em um pequeno promontório sobre uma praia abrigada, a Prainha foi o local escolhido pelo corsário francês Duguay-Trouin ao dominar a cidade em setembro de 1711. Depois de sua expulsão, os portugueses construíram a fortaleza. Hoje o prédio abriga o Museu Cartográfico do Exército, no qual é possível ver mapas e instrumentos de cartografia antigos.
Rua Major Daemon, 81 e praça Major Vallo, s/n, Centro. A entrada é pelo antigo Palácio.

### OBSERVATÓRIO DO VALONGO
O Observatório é parte do Centro de Ciências Matemáticas e da Natureza da Universidade Federal do Rio de Janeiro – UFRJ.
Ladeira Pedro Antônio, 43, Saúde
**Tel.:** (21) 2263-0685

## CEMITÉRIO DOS PRETOS NOVOS E GALERIA DE ARTES DOS PRETOS NOVOS

Mais adiante é possível visitar outro sítio arqueológico, o Cemitério dos Pretos Novos, local onde eram enterrados aqueles que chegavam da África com a saúde tão abalada que logo vinham a morrer. "Novos" refere-se ao seu tempo de chegada na cidade, e não a sua idade.
Rua Pedro Ernesto, 36, Gamboa
**Tel.:** (21) 2516-7089. Visitação com hora marcada.

# RECEITAS
## COMIDA BAIANA

As receitas a seguir chegaram ao Rio de Janeiro com a população afro-brasileira que migrou da Bahia a partir do início do século XIX e se instalou nas imediações da atual Praça Mauá. As receitas escolhidas são guisados servidos hoje principalmente em festas familiares ou em restaurantes de comida baiana.

Até esses imigrantes chegarem à cidade, a comida no Rio de Janeiro era baseada no que se comia em Portugal. Muitas verduras locais, no lugar de pão comia-se mandioca, e a cor predominante era, quando muito, o amarelo do fubá de alguns bolos. Mas os baianos trouxeram o uso da pimenta-malagueta, da cúrcuma e do urucum para colorir bolos e pães e passaram rapidamente a incrementar o comércio ambulante da cidade. Comida boa e bem-temperada, vendida de porta em porta.

## BOBÓ DE CAMARÃO

**Refogado de camarões engrossado com um purê de mandioca, o bobó é um prato típico para se oferecer em jantares com convidados.**

### INGREDIENTES
800g de camarão médio limpo
400g de aipim cozido
2 colheres de sopa de azeite
2 colheres de sopa de azeite de dendê
1 cebola média
3 dentes de alho
4 tomates bem maduros
4 colheres de sopa de pimentão verde ou vermelho picado
Sal e pimenta-do-reino a gosto
200ml de leite de coco
1 xícara de chá de água
2 colheres de sopa de salsa picada

### MODO DE PREPARAR
Compre a mandioca descascada. Cozinhe-a com uma pitada de sal e coberta de água até ficar macia. Se quiser utilizar uma panela de pressão, cozinhe por 10 minutos depois de a água começar a ferver.

Doure a cebola e o alho picados no azeite de dendê misturado com o azeite. Não deixe que queime. Junte os tomates sem as sementes e grosseiramente picados. Acrescente o pimentão cortado em rodelas e sem as partes brancas e as sementes.

Acrescente os camarões limpos ao refogado. Assim que ficarem opacos, junte a mandioca batida no liquidificador com o leite de coco. Aqueça muito – o bobó tem que ser servido bem quente. Junte a salsa picada e sirva.

### RENDIMENTO
de 4 a 6 porções

## FAROFA DE DENDÊ

**A farofa da cor amarela tingida com o óleo de dendê aparece vez por outra nas mesas. Em geral, os pratos baianos são acompanhados de arroz branco.**

### INGREDIENTES
1/2 xícara de chá de azeite de dendê
1 cebola pequena
2 dentes de alho amassados
500g de farinha de mandioca torrada
1 colher de sopa de salsa picada
1 colher de chá de sal

### MODO DE PREPARAR
Corte a cebola em pedaços bem pequenos e esmague os alhos. Aqueça o dendê em uma frigideira com o fogo baixo. Acrescente a

farinha de mandioca sem parar de mexer. Polvilhe com o sal e com a salsa picada. Sirva com carnes com molhos, guisados de frango e peixes.

**RENDIMENTO**
4 porções

## XINXIM DE GALINHA

**Refogado de frango, essa receita tem sua origem nos rituais religiosos afro-brasileiros, como oferenda a Oxum, que protege as águas doces, a riqueza e a abundância.**

**INGREDIENTES**
1 frango cortado em pedaços
1/4 xícara de chá de amendoim
1/2 xícara de chá de castanha-de-caju
150g de camarão seco
Suco de meio limão
1,5 cm de raiz de gengibre fresca ralada
1 colher de chá de pimenta-do-reino
1/4 de xícara de azeite de dendê
1/4 de xícara de óleo
1 cebola grande picada
4 dentes de alho
4 ramos de coentro com as folhas
2 colheres de chá

**MODO DE PREPARAR**
Lave o frango, corte-o pelas juntas, retire os pedaços de gordura que ficam presos na carne e tempere com o alho amassado, pimenta-do-reino, coentro, cebola picadinha e uma colher de chá de sal.
    Numa panela grande, aqueça o azeite de dendê e o óleo no fogo bem baixo. Refogue os pedaços de frango até estarem totalmente cozidos, mexendo de vez em quando. Adicione o camarão, a castanha, o amendoim, o gengibre e o suco de limão. Cozinhe em fogo médio até a carne ficar macia, acrescentando água a cada vez que o molho reduzir. Sirva com arroz. A receita pode ser duplicada; apenas acrescente o amendoim e a castanha moídos aos poucos, para manter o equilíbrio de sabores.

**RENDIMENTO**
8 porções

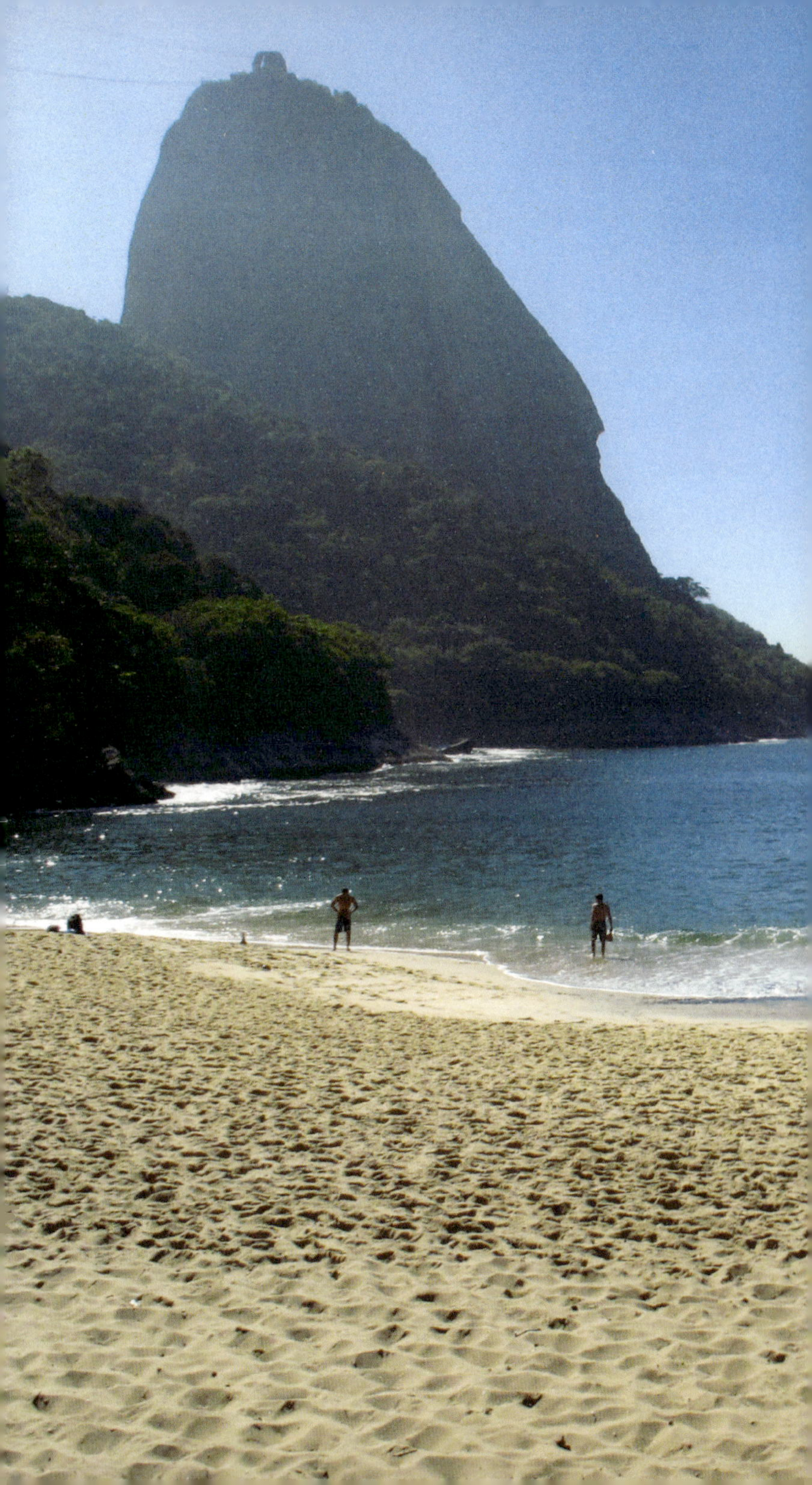

# Pão de Açúcar e a Feira da Urca

**PASSEAR PELA URCA É** como pedir para o tempo andar mais devagar. Ali, boa parte dos moradores ainda vive em casas ou prédios baixos. As ruas são arborizadas e as praças, acolhedoras. O bairro dá de frente para o mar e tem duas praias abertas ao público, a Praia Vermelha, onde fica a estação do bondinho do Pão do Açúcar, e a Praia da Urca, onde fica o prédio do antigo Cassino da Urca. Ambas são pequenas, a paisagem é linda e, infelizmente, a água é poluída e imprópria para banho. As praias que ficam quase de frente para o mar aberto estão dentro do Forte São João e só podem ser frequentadas por moradores do bairro.

O Rio de Janeiro foi fundado ali por Estácio de Sá, em 1565, depois de lutas ferozes contra invasores franceses. Ele escolheu, por questões estratégicas, uma praia bem-defendida na entrada da Baía de Guanabara. Mas, com o passar do tempo, o povoado não tinha para onde crescer e foi transferido para o atual centro da cidade.

Na Praia Vermelha fica a maior atração turística do país, o Pão de Açúcar, com a estação do teleférico para subir primeiro ao Morro da Urca e, em seguida, em mais um trajeto emocionante e bem mais alto, até o topo do Pão de Açúcar. É um desses passeios que deve ser feito pelo menos uma vez na vida, afinal a montanha é o símbolo mais antigo da cidade, e a emoção de ficar suspenso no ar pelos cabos de aço do bondinho é enorme.

O bairro tem mais de um passeio e pode ser feito em pequenos circuitos de acordo com o gosto de cada um. Para os mais atléticos, a Praia Vermelha tem em um de seus lados a pista Cláudio Coutinho, homenagem ao ex--treinador da seleção brasileira de futebol. Com 1,25 km (2,5 km ida e volta), ela também é curta o suficiente para uma caminhada agradável no costão do Morro da Urca.

Por ali também é possível seguir em frente para subir a trilha que leva até o alto do morro. Atenção: esse é um programa para ser feito em dias com tempo bom e com muita gente, afinal é uma trilha que, embora sem escaladas, tem o terreno bem inclinado. Para descer, o mais simples é utilizar o bondinho, mas é importante saber que as viagens entre os morros e a Praia Vermelha encerram-se às 17h.

Os românticos podem curtir o pôr do sol na Praia da Urca, em frente ao antigo Cassino, ou andar junto à murada da avenida João Luiz Alves até a rua Joaquim Caetano e seguir até a praça Tenente Gil Guilherme. A pracinha é pequena e segura, perfeita para se levar as crianças. Aos domingos tem uma feira com barraquinhas de comida e uma barraca de biscoitos com uma seleção grande de casadinhos recheados com goiabada, chocolate, doce de leite, todos deliciosos.

## MELHOR HORÁRIO

A Urca está ao pé dos morros da Urca, Cara de Cão e Pão de Açúcar, todos grandes pedras gnaisse com pouca vegetação. Portanto, em dias de sol, faz calor. O melhor é ir cedinho ou no cair da tarde.

A subida para o Pão de Açúcar recebe grande número de turistas, assim, quanto mais cedo, mais tranquilo será o passeio.

A feira começa de manhã e vai até às 12h, depois já começa a ser desmontada e não tem graça.

Escolha o horário do fim da tarde para um passeio romântico. Principalmente durante o verão, quando ainda é possível ver a lua com o dia claro.

## DURAÇÃO

Para subir ao Pão de Açúcar: 4 horas, no mínimo.
Para caminhar ou correr na pista Cláudio Coutinho: 3 horas
Para visitar as praias, ir à feira, se for no domingo, e beber uma cerveja: 2 a 3 horas.

## OBSERVE

Aproveite a vista de 360 graus no alto do Pão de Açúcar. Curta a paisagem como um turista em viagem de lazer, mesmo se você for da cidade.

## MERECE

Faça todo o passeio bem devagar. Não há motivo para sair correndo das atrações do bairro.

Para quem gosta de desenhar paisagens, vale a pena levar um caderno. Para os fotógrafos entusiastas, uma câmera fotográfica para registrar a paisagem.

Para tomar cerveja e comer salgadinhos no Bar da Urca, acomode-se na murada do outro lado da rua para ver o dia cair.

## LEMBRE-SE

Leve um chapéu, pois no alto dos morros o sol é intenso durante todo o ano. Não se deixe enganar pela brisa.

Se estiver na companhia de crianças, leve algum brinquedo para entretê-las durante o passeio.

## ONDE COMER

### BAR URCA
Rua Cândido Gaffrée, 205, Urca
**Tel.:** (21) 2295-8744
**Horário:** de segunda a sexta-feira, das 7h às 23h; sábados a partir das 8h e domingos das 8h às 20h
www.barurca.com.br

### FEIRA DA URCA
Praça Tenente Gil Guilherme, esquina com a rua Octavio Correia, Rio de Janeiro.

## ENDEREÇOS

### PRAIA VERMELHA
Fica em frente à praça General Tibúrcio, Urca
Estação do bondinho do Pão de Açúcar
Na mesma praça da Praia Vermelha.
Avenida Pasteur, 520
**Tel.:** (21) 2546-8400

### CLUBE DE CANOAGEM
No lado direito da praia fica o clube de canoagem havaiana Praia Vermelha Va'a.
Uma vez por mês acontece um programa de iniciação ao esporte.
Mais informações devem ser feitas no site:
www.praiavermelha.org/index.php/localizacao-clube-praia-vermelha-vaa

### PISTA CLÁUDIO COUTINHO
A pista começa no lado esquerdo da Praia Vermelha, localizada em uma área militar. É aberta ao público.
Praça General Tibúrcio, 83

### FEIRA DE DOMINGO
É um ótimo passeio durante a semana e melhor ainda aos domingos, dia de feira, quando é possível comprar biscoitos bem-casados com recheios diferentes. Tenente Gil Guilherme, esquina com a rua Octavio Correia.

PÃO DE AÇÚCAR E A FEIRA DA URCA

# RECEITAS
# SOBREMESAS GELADAS

O Rio de Janeiro desenvolveu um jeito próprio de ir à praia à medida que a cidade cresceu em direção à Zona Sul. No começo do século XX, quando Copacabana, Ipanema e Leblon foram loteados, foi também o momento que seus moradores passaram a aproveitar as vantagens e delícias de um banho de mar. Por isso, as receitas deste capítulo têm sua origem em um hábito típico que é dar um picolé para as crianças na praia, apenas um, para não atrapalhar a fome do almoço ou do jantar. No mais, é beber muito mate gelado, vendido por ambulantes nas areias das praias. A atividade é tão integrada à vida nas areias que é tombada como bem imaterial pelo Patrimônio da cidade.

## *SORBET* DE LIMÃO-SICILIANO

**Gostinho de praia que pode ser preparado como picolé em recipientes individuais ou batido em uma sorveteira como um *sorbet*.**

**INGREDIENTES**
1/2 xícara de suco de limão-siciliano
1 e 1/2 xícara de água
1 e 1/2 xícara de açúcar
3/4 de xícara de leite semidesnatado
1 colher de casca de limão-siciliano
2 colheres de sopa de água
3 folhas de gelatina

**MODO DE PREPARAR**
A suavidade do sorvete na boca é aumentada pela quantidade de glicose de milho na massa e pelo uso de um emulsificante, no caso as folhas de gelatina, para dar uma boa liga.

Em uma panelinha, aqueça a água com o açúcar até dissolver completamente. Acrescente à calda o suco de limão-siciliano, o leite e a casca de limão. Molhe as folhas de gelatina em uma tigela cheia de água – é só sacudir as folhas rapidamente. Em seguida, derreta a gelatina em duas colheres de sopa de água, com cuidado, porque não demora nem um minuto. Acrescente a gelatina à calda de limão.

Bata com um mixer por um minuto para emulsionar bem essa calda e, para fazer picolés, distribua-a nos recipientes próprios ou em copinhos de plástico e guarde no congelador. Para fazer o *sorbet*, deixe na geladeira ou no congelador até gelar por aproximadamente duas horas. Não deixe congelar para o líquido não formar cristais grandes antes de ser batido em uma sorveteira. Se quiser acrescentar um sabor mais adulto, misture uma colher de sopa de licor de limão italiano, o Limoncello, ao *sorbet* quando estiver quase pronto.

**RENDIMENTO**
600ml

## PAVÊ DE CHOCOLATE

**Os pavês são a versão brasileira afrancesada de uma sobremesa conhecida em inglês como *trifle*, um doce em camadas que sobrepõe um creme de baunilha, um biscoito ou bolo embebido em algum licor ou chocolate e, algumas vezes, frutas frescas.**

**INGREDIENTES**
100g de chocolate meio amargo
2 colheres de sopa de água filtrada
3 colheres de sopa de manteiga
2 ovos
4 biscoitos tipo champanhe
1/2 xícara de café forte
4 colheres de sopa de geleia de framboesa
4 colheres de chá de granola ou uma mistura de amêndoas e nozes picadas
4 taças com 7cm de diâmetro para montar os pavês individuais

## MODO DE PREPARAR

Sobremesa gostosa para servir em uma grande porção ou em pequenas tigelas e até em xícaras de cafezinho. No pavê, pequenas porções de chocolate se misturam na boca com o sabor do café e o doce de uma geleia de framboesa feita em casa.

Derreta o chocolate em banho-maria. Acrescente a manteiga cortada em pedacinhos quando o chocolate já estiver derretido e cremoso.

Retire a panela do fogo e acrescente as gemas, sem parar de bater, até estarem totalmente incorporadas ao chocolate. Bata as claras em neve e acrescente-as ao creme de chocolate.

Divida cada biscoito em três pedaços. Molhe-os rapidamente no café para não ficarem empapados e distribua-os nas taças. Acrescente a geleia escolhida e cubra com a mousse de chocolate. Deixe na geladeira. Antes de servir, polvilhe-os com uma colher de chá de granola ou com a mistura de nozes e amêndoas.

## RENDIMENTO
4 porções

## PICOLÉ DE MORANGO E HORTELÃ

**Picolé feito em casa é muito mais gostoso que o comprado pronto e tem a vantagem de ser preparado com frutas frescas.**

## INGREDIENTES
500g de morango
1 xícara de água
1/2 xícara de açúcar
2 colheres de sopa de suco de limão
1/4 de colher de chá (umas lasquinhas) de casca de limão ralada
1 colher de chá de folhas de hortelã picada
Palitos de picolé

## MODO DE PREPARAR

Não tem nada mais gostoso do que abrir o congelador e tirar um picolé refrescante, saudável e com uma cor linda!

Coloque as formas de picolé no congelador na véspera. Lave os morangos, cortando o cabo e as folhas. Aqueça a água em uma panela pequena e, assim que ferver, acrescente o açúcar. Misture até derreter. É fácil de identificar: a calda fica transparente. Junte dois terços dos morangos e acrescente o limão e a casca de limão.

Cozinhe em fogo baixo até os morangos ficarem macios. Passe-os por uma peneira para separá-los da calda. Aqueça a calda no fogo baixo por 10 minutos para engrossar um pouco. Junte a calda engrossada com os morangos cozidos, a hortelã picada e os morangos crus cortados em pedaços irregulares.
Divida a compota de morango nas forminhas de picolé e espete um palito para picolés. Copinhos de plástico podem ser utilizados no lugar das forminhas.

## RENDIMENTO
6 picolés

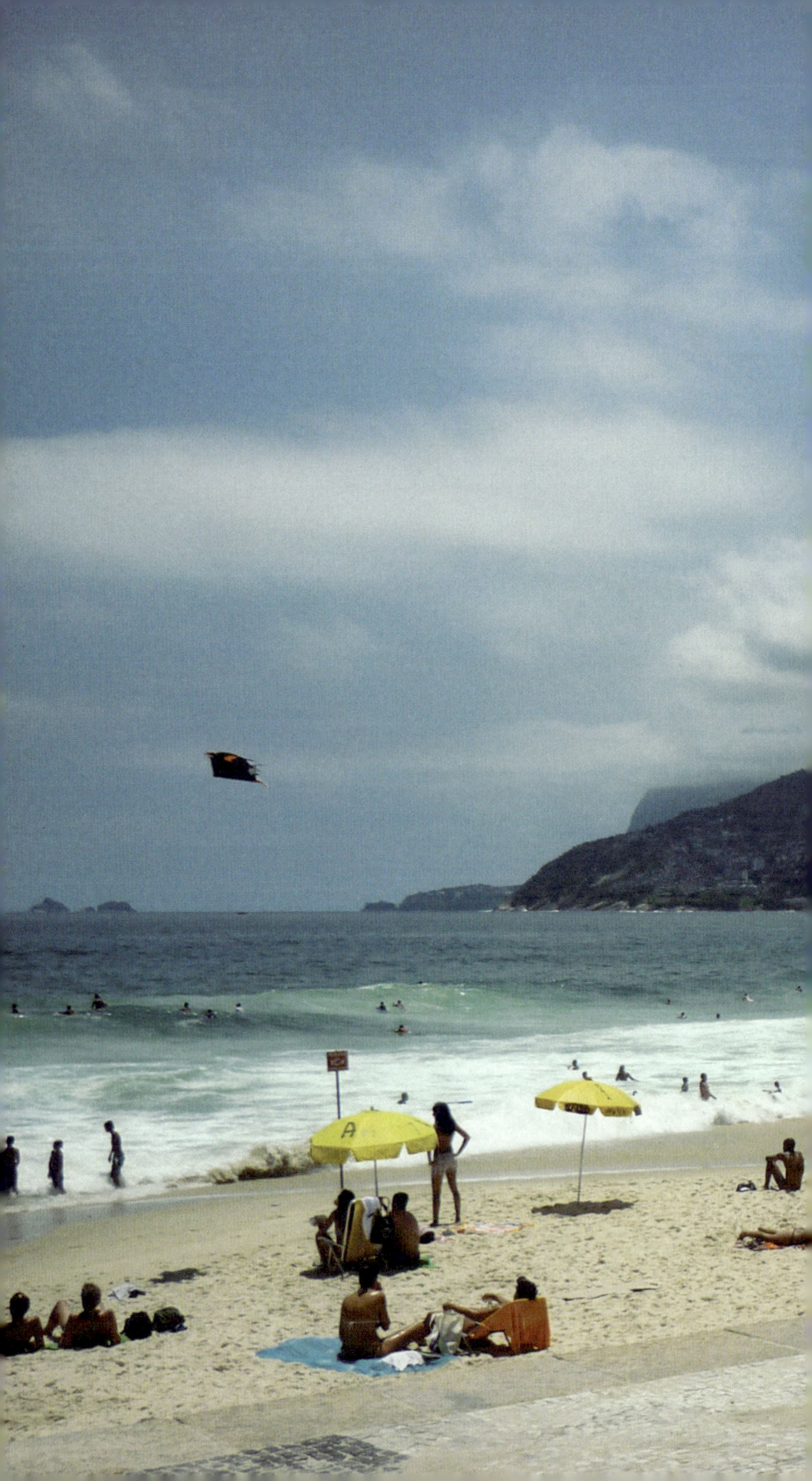

Copacabana
no Posto 6
e o Arpoador

**COPACABANA É UM BAIRRO** que funciona dia e noite e, atualmente, além de seus moradores, também reúne um grande número de turistas atrás de sua fama. Portanto, para participar da vida do bairro, o melhor é acordar bem cedo. A maré está baixa, as águas do mar, mais tranquilas, e é possível aproveitar o sol da manhã, antes de o calor chegar.

O bairro tornou-se famoso ainda na metade do século XX, quando a guerra na Europa e a beleza da paisagem atraíram estrangeiros. Artistas e milionários de renome se hospedavam no Copacabana Palace, o seu hotel mais luxuoso. Naquela época a praia tinha um ar de balneário da Riviera Francesa, com poucos prédios e muitas casas construídas como chalés à beira-mar.

Ainda hoje, a paisagem próxima à praia consegue encantar os seus visitantes e moradores. E um dos melhores locais para entender esse encanto é o Posto 6, bem no fim da praia, junto à murada do Forte de Copacabana.

Assim, como se habitassem universos paralelos, o bairro oferece diversão para as crianças que frequentam a praia e as pracinhas, para uma multidão de caminhantes em busca de saúde no seu calçadão e também para boêmios e turistas na madrugada.

De acordo com o horário e a localização é possível participar de atividades variadas com turmas diferentes. Para quem gosta de acordar bem cedo, lá pelas seis da manhã, é hora de caminhar pela Avenida Atlântica, uma onda saudável que pegou a cidade nos idos de 1970 e, ainda hoje, continua firme.

Em 1972, Dr. Cooper, médico norte-americano, criou um método para evitar doenças cardíacas que incluía caminhadas. Os cariocas, já adeptos do vôlei de praia e do futebol de areia no cair da tarde, aderiram às caminhadas como nem o próprio médico poderia imaginar. A prefeitura adorou e marcou a metragem da orla marítima, de modo que todos pudessem saber quanto haviam caminhado. As marcas seguem lá, o hábito atravessou gerações, e é impossível morar no Rio sem caminhar pela praia.

Entre seis e sete da manhã ainda é possível ver as traineiras com as redes esticadas rodeadas de gaivotas, que passam perto da praia onde ficam os cardumes de sardinhas. Às sete da manhã, bem no cantinho do Posto 6, chega a turma que tem aula de natação. Por essa hora também é possível acompanhar a chegada dos pescadores da Colônia Z-13 e comprar peixes frescos no seu pequeno mercado.

O Forte de Copacabana, logo adiante, construído antes da Primeira Guerra Mundial, tem em sua ponta uma fortaleza com um pequeno museu com canhões, dormitórios e salas com mobiliário da época. Acima, uma enorme área de concreto permite uma vista de 360 graus. De frente para o mar, veem-se a Praia de Copacabana e seus morros à esquerda. A vista estende-se desse lado até a entrada da barra da Baía de Guanabara e o Pão de Açúcar; ao fundo, a orla marítima de Niterói, para a direita, o mar aberto, Ipanema e Leblon, a Pedra da Gávea, o Morro Dois Irmãos e outras elevações – em geral levemente azuladas, devido à bruma que se levanta do mar. Entende-se por que a paisagem faz a cabeça dos moradores da cidade. Dali ainda é possível ver nos dias de sol o fundo do mar verde-esmeralda e os cardumes de peixes mais adiante.

Na saída, passe pela Confeitaria Colombo, que fica no próprio Forte, e, sem se deixar impressionar pelos cariocas que a chamam de decadente, a mania local é achar que tudo no Rio já foi melhor, alimente a alma "cariocamente", sem grandes expectativas, com petit-fours ou salgadinhos, tudo acompanhado da melhor vista da cidade – a Praia de Copacabana.

Continue a caminhada. Já fora do Forte, siga até a ponta do Arpoador. À direita está a Praia de Ipanema, inteirinha para ser aproveitada.

## OBSERVE

A praia, em dias de chuva, fica prateada.

Acorde bem cedinho para aproveitar todo o frescor da brisa da manhã e respirar um ar ainda com um ligeiro cheiro de maresia.

Não é à toa que os cariocas adoram se reunir na Pedra do Arpoador para aplaudir o pôr do sol. Ali, no fim do dia, para quem souber chegar na hora certa, as mudanças das cores no céu até o sol desaparecer impressionam.

## MERECE

Chegue cedo, lá pelas sete horas da manhã, para comprar peixe fresco na colônia de pescadores do Posto 6. A Colônia de Pescadores Z-13 abrange a área que vai do quadrado da Urca até o Pontal do Recreio, reunindo cerca de mil pescadores artesanais. A sede da colônia fica no Posto 6, na Praia de Copacabana, onde mantém um pequeno entreposto.

## LEMBRE-SE

A praia é um local público, portanto não deixe nada sem supervisão. A bolsa com a carteira deve ficar grudada no corpo ou, ainda melhor, faça como os habitantes da cidade e leve apenas o dinheiro e o protetor solar enrolados em uma canga.

## ONDE COMER

**CONFEITARIA COLOMBO**
Dentro do próprio Forte de Copacabana há uma Confeitaria Colombo, um dos restaurantes mais tradicionais da cidade.

## ENDEREÇOS

**FORTE COPACABANA**
Praça Coronel Eugênio Franco, 1, Posto 6, Copacabana
www.fortedecopacabana.com

**CONFEITARIA COLOMBO NO FORTE DE COPACABANA**
Praça Coronel Eugênio Franco, 1, Posto 6, Copacabana
**Horário:** terça-feira a domingo, das 10h às 20h
www.confeitariacolombo.com.br

**COLÔNIA DE PESCA Z-13**
Avenida Atlântica, s/n, Copacabana
(altura do Posto 6 da Praia de Copacabana)

**LIVRARIA ARGUMENTO**
Rua Dias Ferreira 417, Leblon
**Tel.:** (21) 2239-5294
**Horário:** de segundas a quintas, das 10h às 23h, sextas e sábados até 0h30 e aos domingos das 11h às 23h
Endereço das outras lojas no site:
www.livrariaargumento.com.br

# RECEITAS
## ARROZ NO PRATO

O arroz é um dos principais ingredientes da cozinha carioca, diferentemente daquela do sul do país, onde além do arroz consomem-se batatas e polentas; e da culinária do nordeste, onde, embora também se coma o arroz, o cardápio é enriquecido com o aipim e o cuscuz de farinha de milho. No Rio, o arroz aparece na mesa todo dia, com o feijão preto ou misturado com verduras ou frutos do mar. A tradição portuguesa de preparar alguns guisados misturados com arroz se manteve, e é possível encontrar esses pratos habitualmente nos cardápios em casa e nos restaurantes.

Já a carne-seca refogada com abóbora é uma das opções dos restaurantes e bares que fornecem o prato comercial, o prato feito, ou PF: em geral um bife, arroz, feijão e batata frita ou farofa; e o almoço executivo, o mesmo que PF com salada e, algumas vezes, um ovo frito. Esses restaurantes oferecem o prato do dia, que varia com o dia da semana. Foram eles que inventaram as feijoadas aos sábados.

## ARROZ DE BRÓCOLIS

A herança portuguesa do arroz com brotos de verduras faz dessa receita um acompanhamento bem usual para peixes fritos.

**INGREDIENTES**
1 xícara de arroz
1 xícara de flores de brócolis
1 cebola
2 dentes de alho
3 colheres de sopa de óleo
3 xícaras de água
2 colheres de chá de sal
1 colher de sopa de azeite
1 limão

**MODO DE PREPARAR**
Aqueça a água. Corte os talos mais duros dos brócolis e separe as flores dos cabos mais macios. Lave as folhas e guarde apenas as mais novas e macias. Coloque as flores, as folhas e os cabos em uma panela. Acrescente uma xícara de água quente. Tampe a panela e cozinhe por 10 minutos em fogo baixo. Coloque os brócolis sobre uma tábua e pique até obter pedaços bem pequenos.

Lave o arroz em uma tigela com água e escorra. Aqueça o óleo em uma caçarola e acrescente a cebola e o alho bem picados. Acrescente o arroz assim que os pedaços de cebola estiverem transparentes. Mexa para cobrir os grãos de arroz com o óleo. Misture os pedaços de brócolis, cubra com a água e tempere com sal. Cozinhe até o arroz estar macio. Se sobrar água na panela, escorra o arroz em uma peneira.

Sirva o arroz com um fio de azeite por cima e o limão cortado em gomos. É um ótimo acompanhamento para peixes grelhados.

**RENDIMENTO**
4 porções

## ARROZ COM CARNE-SECA E ABÓBORA

A carne-seca guisada com abóbora é um prato típico do Nordeste e chegou ao Rio junto com a população dessa região, atraída pela cidade no período em que foi a capital do país.

**INGREDIENTES**
500g de carne-seca
3 xícaras de água para preparar a carne-seca
1 xícara de arroz
2 colheres de sopa de óleo
5g de toucinho defumado picado em pedaços do tamanhos dos grãos de arroz
1 colher de chá de sal
2 xícaras de água
2 dentes de alho
500g de abóbora cortada em pedaços

1 colher de chá de açúcar
1 colher de chá de sal
1 colher de sopa de coentro picadinho

**MODO DE PREPARAR**
Na véspera, deixe a carne de molho em água. Troque a água mais uma vez antes de dormir. No dia seguinte, afervente a carne-seca por aproximadamente 20 minutos em três xícaras de água, até ficar macia. Retire da panela e desfie a carne em pedaços bem pequenos.

Para preparar o arroz, aqueça a água. Refogue no óleo quente a cebola e o alho descascados e picados em pedaços bem pequenos. Junte o arroz lavado e escorrido e a carne-seca. Misture até aquecer e cubra com a água quente. Tempere com sal, abaixe o fogo, tampe a panela e cozinhe até a água evaporar.

Para preparar a abóbora, coloque os pedacinhos de toucinho em uma panela pequena com o fogo baixo, para a gordura derreter sem queimar. Coloque os pedaços de abóbora, cubra com uma xícara de água, tempere com sal e açúcar. Cozinhe até a abóbora ficar bem macia e quase desmanchando.

Na hora de servir, arrume a abóbora no centro de um prato grande e rodeie com o arroz de carne-seca. Polvilhe com o coentro picadinho.

**RENDIMENTO**
4 porções

## ARROZ DE FORNO COM FRUTOS DO MAR

**O arroz servido nas festas por muito tempo acabou substituído por risotos de origem italiana, mas está na hora de recuperar esse prato preparado bem lentamente para que o sabor de cada ingrediente apareça a cada mordida.**

**INGREDIENTES**
3 xícaras de arroz
1,8kg de camarões de tamanho médio, sem as cascas e limpos
4 tomates
3 dentes de alho
200g de ervilhas frescas
1 cenoura grande
2 colheres de sopa de salsa picada
6 xícaras de água
2 colheres de chá de sal
1 pedaço de meio centímetro de canela

**MODO DE PREPARAR**
Descasque a cenoura e corte-a em cubos com 1cm de lado. Lave as ervilhas. Corte os tomates ao meio e retire as sementes. Esmague os dentes de alho. Lave os camarões e seque-os sobre um papel-toalha.

Aqueça o óleo, misture o alho, junte o arroz e, quando estiver quente, junte os tomates, a cenoura e as ervilhas. Cubra com a água, tempere com sal e, assim que ferver, coloque os camarões, misture um pouco, tampe a panela e cozinhe até a água evaporar quase por completo. Transfira o arroz para um refratário e coloque-o para secar em forno baixo, já previamente aquecido.

Sirva o arroz com molho de pimenta e uma salada verde.

**RENDIMENTO**
8 a 10 porções

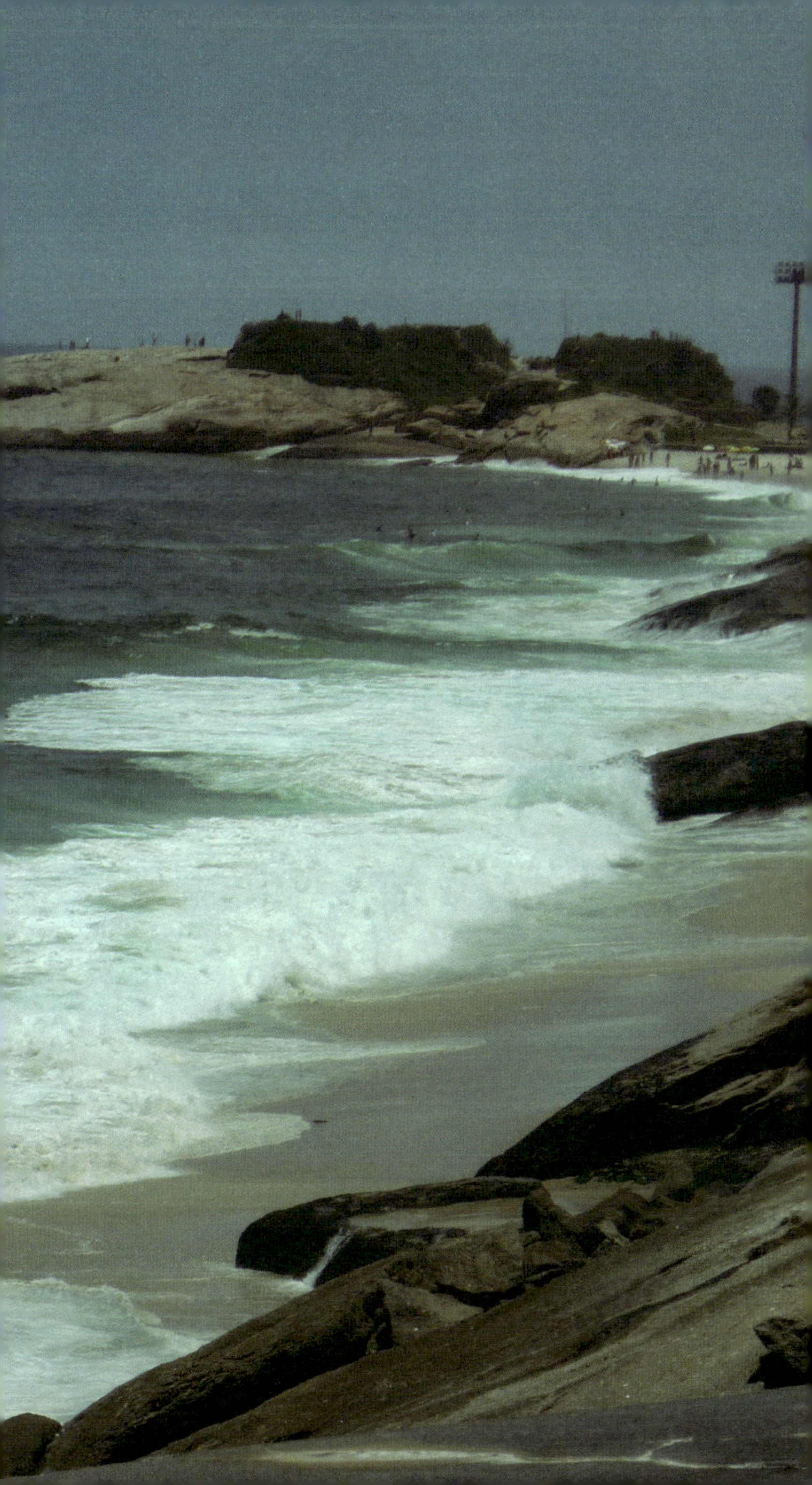

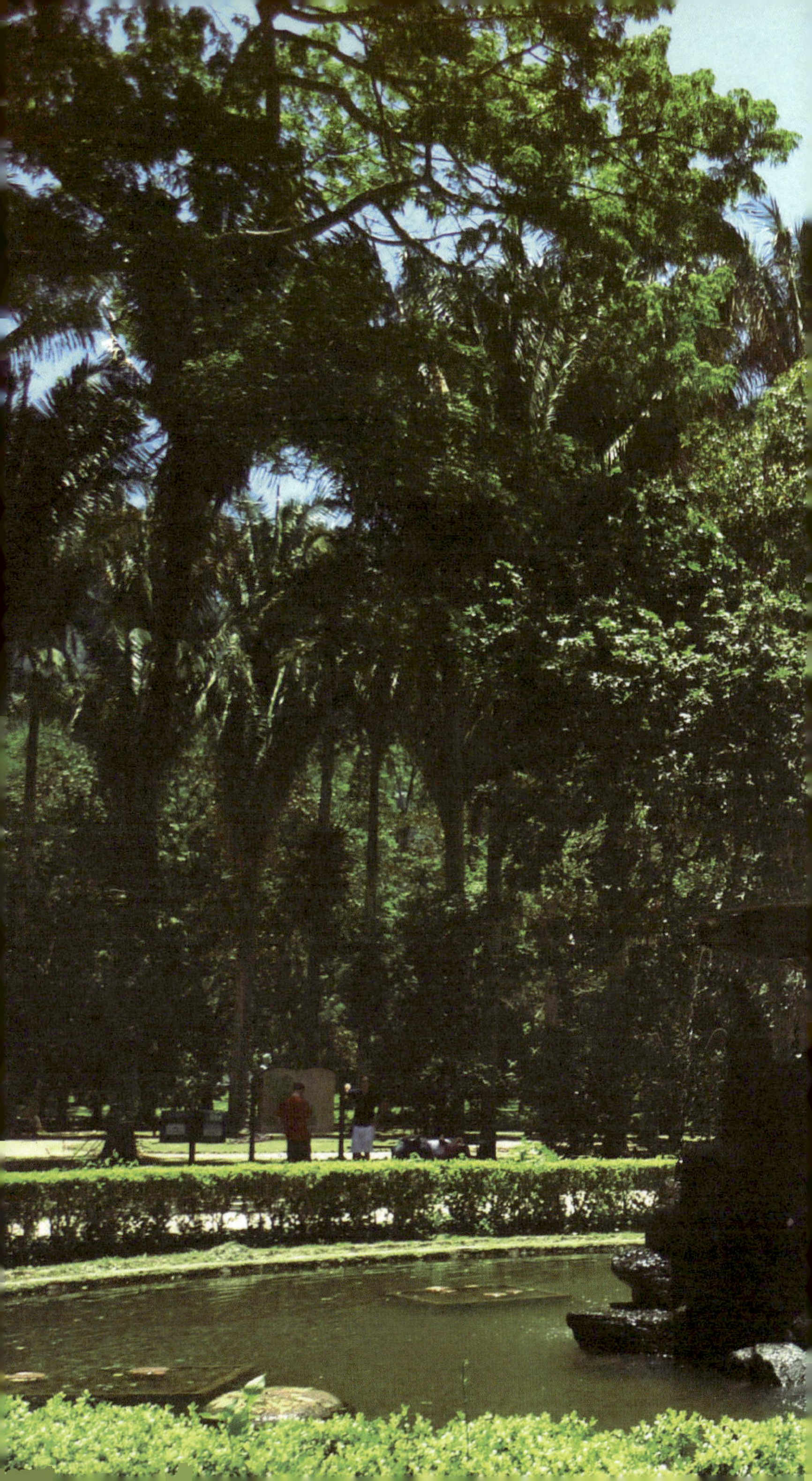

**Jardim Botânico**

**O JARDIM BOTÂNICO DO** Rio de Janeiro foi criado em 1808, por ocasião da chegada da corte portuguesa à cidade, que fugia da invasão de Portugal pelas tropas napoleônicas. O fato em si é absolutamente espetacular. Em vez de se refugiar com a família real na Ilha da Madeira ou na Inglaterra, grande aliado político e inimigo de Napoleão, o príncipe regente D. João VI embarcou para o Brasil com toda a corte, servidores públicos e profissionais especializados. Eram cerca de 15 mil pessoas, e, ao chegar aqui, ele continuou a governar quase como se ainda estivesse em Portugal. Tudo isso só foi possível porque a cidade ocupava a posição de segunda maior do império, logo após Lisboa.

D. João logo criou uma série de instituições, entre elas o Jardim Botânico, cuja principal função à época era aclimatar e reproduzir plantas, ajustando-as à temperatura e ao solo local. Essas espécies vinham das Índias Orientais, onde Portugal tinha colônias – Goa, na Índia; Macau, na China; e Angola e Moçambique, na África. O jardim servia de estímulo ao agronegócio colonial, adaptando o

**JARDIM BOTÂNICO**

maior número de plantas de outras regiões do mundo ao clima tropical e subtropical. Era como um departamento de pesquisas para o crescimento da produção. Hoje o seu trabalho continua, em conjunto com todas as agências de fomento agrícola, e visa ao constante aprimoramento das espécies para posterior difusão de sementes e também a sua preservação.

À época o trabalho era mais focado no principal negócio do país: exportação de açúcar, fumo, cacau e café. Posteriormente foi aberto ao público, em 1822, com suas fontes, lagos e caramanchões, organizados para oferecer aos visitantes um passeio interessante e agradável. Ainda é um dos melhores passeios da cidade. O Jardim Botânico do Rio de Janeiro é atualmente uma gigantesca exposição viva de plantas tropicais e subtropicais.

O passeio ao Jardim Botânico, com suas estufas e coleções nativas e importadas de outros países tropicais, deve ser feito lentamente, de modo a se apreciar a vista do jardim, uma ilha de calmaria dentro de uma metrópole global.

## MELHOR HORÁRIO

Final da manhã é o horário mais tranquilo para adultos e crianças também.

## DURAÇÃO

2 a 3 horas.

## OBSERVE

As palmeiras de tipos diferentes, desde as enormes palmeiras imperiais, logo na entrada, trazidas para cá por D. João VI, até aquelas introduzidas no país pelo paisagista Roberto Burle Marx, quando executou o projeto do Aterro do Flamengo, um dos maiores jardins do mundo.

As árvores e as plantas nativas, como o pau-brasil e a coleção de bromélias.

A coleção de orquídeas.

O lago com plantas aquáticas com os nenúfares e as vitórias-régias.

A pequena estufa com plantas insetívoras e carnívoras é de um charme especial por sua beleza e mistério.

## MERECE

Leve um livro para passar algumas horas na sombra, sentado em um dos muitos bancos bem-localizados embaixo de árvores enormes.

Aproveite o momento para escutar e observar os pássaros e aves que se espalham pelos gramados e árvores.

Leve as crianças para conviver com a natureza e os pássaros.

Permita-se flanar pelo local, sem um roteiro específico e sem a meta de percorrer todos os cantos do jardim. Descanse.

## LEMBRE-SE

É melhor visitar o Jardim Botânico durante a semana, quando é frequentado pelos moradores do bairro e alguns turistas. Se não for possível ir num desses dias, chegue bem cedo nos finais de semana.

O lugar é grande e por isso vale a pena levar água e frutas na mochila, especialmente se o passeio incluir crianças. Mas só coma nas áreas permitidas e não jogue restos de comida nas lixeiras do jardim. O lixo orgânico atrai ratos e outros animais nocivos às plantas e aos bichos que residem no local.

É bom levar repelente de insetos, afinal, estamos na Mata Atlântica.

O Jardim Botânico tem uma área de horto florestal que reproduz as mudas das plantas da Mata Atlântica que, posteriormente, são plantadas nos parques e jardins da cidade. No local, o público pode comprar as mudas de algumas plantas. A entrada do horto fica na rua Pacheco Leão, na lateral do Jardim.

## ONDE COMER

### FILÉ DE OURO

O Jardim Botânico tem uma lanchonete pequena, com mesas ao ar livre rodeadas de plantas, uma padaria e um café. Ambos oferecem refrigerantes, chás, cafés e sucos, e ainda têm um pequeno cardápio com saladas, sanduíches e salgadinhos.

Como os locais são pequenos, e as comidas, leves, outra opção é ir até a rua Pacheco Leão na altura do número 720, na lateral do Jardim Botânico. Essa quadra concentra restaurantes por quilo, à la carte e bares.

Para almoçar na melhor tradição carioca vale a pena ir ao Filé de Ouro, um restaurante à moda antiga, desses que ainda colocam palitos à mesa e tem uma carne deliciosa. Aproveite e experimente um sorvete de frutas de sobremesa ou como lanche.

## ENDEREÇOS

**JARDIM BOTÂNICO**
Rua Jardim Botânico, 1.008, Jardim Botânico
**Horário:** diariamente das 8h às 17h
**Tel.:** (21) 3874-1808 | 3874-1214
Estacionamento no local e nos fins de semana no Jóquei Clube:
Rua Jardim Botânico, 1.003

**HORTO FLORESTAL**
Rua Pacheco Leão, 2.040, Jardim Botânico
**Tel.:** (21) 3875-6211
**Horário:** segunda a sexta-feira das 9h às 11h e das 14h às 16h

**FILÉ DE OURO**
Rua Jardim Botânico, 731, Jardim Botânico
**Tel.:** (21) 2259-2396
**Horário:** de terça-feira a sábado, das 12h às 23h; domingo, das 12h às 19h

**SORVETERIA MIL FRUTAS**
Rua J.J. Seabra, s/n, Jardim Botânico
**Tel.:** (21) 2511-2550
**Horário:** de segunda a sexta-feira, das 10h30 à 00h30; sábados e domingos, a partir das 9h30. Às sextas e sábados a loja fecha à 1h

# RECEITAS

## BOLOS

Nos anos 1970 surgiram vários restaurantes naturais pela cidade. Os bolos eram famosos, preparados com açúcar mascavo e farinha integral. Utilizavam o cacau em pó sem açúcar no lugar do chocolate em pó (na verdade uma mistura de cacau, açúcar e leite em pó) o que era uma novidade.

Passados trinta anos, os chocolates com diferentes doses de cacau estão à venda em todos os supermercados da cidade, e os açúcares não se resumem a apenas um tipo – o branco refinado. A qualidade dos bolos melhorou, mas os prediletos continuam sendo os mesmos. Quem resiste a um bolo molhado de nozes, com calda de laranja, baba de moça ou coberto com fios de ovos, todos portuguesamente cariocas?

JARDIM BOTÂNICO

## BOLO DE ABACAXI COM AZEITE PERFUMADO

Receita gostosa para servir com um fio de azeite aromatizado com tangerina.

### INGREDIENTES
3 ovos
1 colher de sopa de essência de baunilha ou um envelope de açúcar vanile (aproximadamente uma colher de sopa)
3/4 de xícara de açúcar cristal integral
100g de manteiga derretida
1/2 xícara de açúcar mascavo
1 e 1/4 de xícara de farinha de trigo integral
1/2 colher de chá de sal
1/2 colher de chá de bicarbonato de sódio
1/4 de colher de chá de cravo em pó
1 pitada de noz-moscada
100g de abacaxi desidratado ou cristalizado picado
Azeite de oliva aromatizado com suco de tangerina ou lavanda

### MODO DE PREPARAR
Bata os ovos até engrossarem, junte o sal, os açúcares e a baunilha. Por último, acrescente alternadamente a manteiga derretida, bem morninha para não cozinhar os ovos, e a farinha misturada com a noz-moscada e o cravo.

### ATENÇÃO
Não é preciso misturar toda a farinha na massa. Desligue a batedeira e acrescente o abacaxi picado em pedaços com aproximadamente 0,5cm. Misture suavemente e transfira para uma forma com 24cm de diâmetro com o fundo untado e forrado com papel-manteiga, este também untado e polvilhado com farinha de trigo integral.

Asse no forno previamente aquecido a 180°C por cerca de 40 minutos. Retire do forno e desenforme aproximadamente 15 minutos depois. Não espere esfriar, porque o papel manteiga pode grudar no fundo do bolo.

O sabor da farinha integral e dos diferentes tipos de açúcar ficará mais presente se o bolo for servido com um fio de azeite aromatizado. Pode ser qualquer sabor: manjericão, lavanda, tangerina ou um azeite de boa qualidade sem aroma. Para perfumar o azeite, aqueça-o com a casca da fruta ou com as ervas escolhidas. Assim que o cheiro subir, retire do fogo.

### RENDIMENTO
18 porções, forma com 24cm de diâmetro

## BOLO ESPETACULAR DE CHOCOLATE

A massa é cremosa e densa, com aroma bem marcado de chocolate. O bolo é gostoso e, morno, pode ser servido com um sorvete de limão ou de avelãs. Gelado, pode ser servido em fatias finas.

**INGREDIENTES**
220g de chocolate meio amargo
2/3 de xícara de manteiga
1 colher de chá de café solúvel
3 ovos
3/4 de xícara de açúcar cristal marrom claro
1/2 colher de chá de sal
3/4 xícara de farinha de trigo
1/2 de colher de chá de fermento em pó

**MODO DE PREPARAR**
Sirva um bolo com a massa bem untuosa, daquelas que pegam na boca, e com sabor forte de chocolate aromatizado com café.

Atualmente existem tipos diferentes de sal à venda, então, em vez de sal de cozinha, utilize um sal com um pouco de pimenta. O gosto não se sobressai, mas contribui no sabor final do bolo.

Derreta, em banho-maria, o chocolate com a manteiga e o café. Misture sem parar até obter um creme homogêneo. Bata os ovos com o açúcar e o sal, acrescente o chocolate morno com a manteiga e, por último, a farinha peneirada com o fermento. Não bata demais, para que não fique duro depois de pronto; um minuto em cada etapa é mais do que suficiente.

Asse em forno baixo, previamente aquecido, em uma forma com o fundo forrado com papel manteiga, untada e polvilhada com farinha de trigo. Solte o bolo ainda morno da forma. Vire sobre um prato, retire o papel do fundo e desvire para o prato em que for servi-lo. Polvilhe com chocolate em pó peneirado. Acompanhe com sorvetes de frutas.

**RENDIMENTO**
18 porções, forma com 24cm de diâmetro

## PÃO DOCE COM AMÊNDOAS

A receita é uma homenagem ao período em que, aos sábados, muitas casas serviam um lanche bastante variado no fim da tarde, em vez de no jantar, aproveitando para reunir primos e tios. Já era um sinal das mudanças que aconteceriam na rotina alimentar da cidade, transferida para os shopping centers.

**INGREDIENTES**
1 e 2/3 de xícara de farinha de trigo
1 colher de sopa fermento biológico seco
1 colher de chá de sal
6 colheres de sopa de açúcar cristal integral
3 ovos

2 colheres de sopa de leite morno
2 colheres de sopa de azeite
1/2 xícara de amêndoas cortadas em lâminas
2 colheres de sopa de creme de leite

**MODO DE PREPARAR**
Esse pão tem pouco açúcar e uma massa fina coberta com amêndoas laminadas.

Aqueça o leite por 10 segundos no forno de micro-ondas e em seguida acrescente o fermento e o açúcar. Aguarde o fermento duplicar de tamanho antes de utilizá-lo. Em um recipiente grande, coloque a farinha, o açúcar e o sal, acrescente a mistura do fermento e os ovos levemente batidos e levemente misturados com o azeite. Trabalhe a massa até formar uma bola. Descanse-a em um lugar perto do fogão até dobrar de tamanho. Para obter uma massa homogênea, utilize uma batedeira com o gancho ou com os batedores normais. Assim que formar uma bola em torno do batedor, solte-a. Estique-a e enrole-a, fazendo uma bola novamente por quatro ou cinco vezes. Não é necessário trabalhá-la por muito tempo.

Transfira a massa para uma forma com 20cm de diâmetro untada e levemente polvilhada com farinha de trigo. Pincele com uma colher de sopa de creme de leite e distribua as amêndoas filetadas por cima. Descanse a massa enquanto o forno esquenta por 20 minutos a 200º C. Ela deverá dobrar de altura.

Asse o pão até estar cozido e levemente dourado, por cerca de 25 minutos. Retire-o do forno e pincele com a colher de creme de leite que sobrou. Sirva com bastante mel ou com uma geleia de morangos.

**RENDIMENTO**
1 pão com 20cm de diâmetro

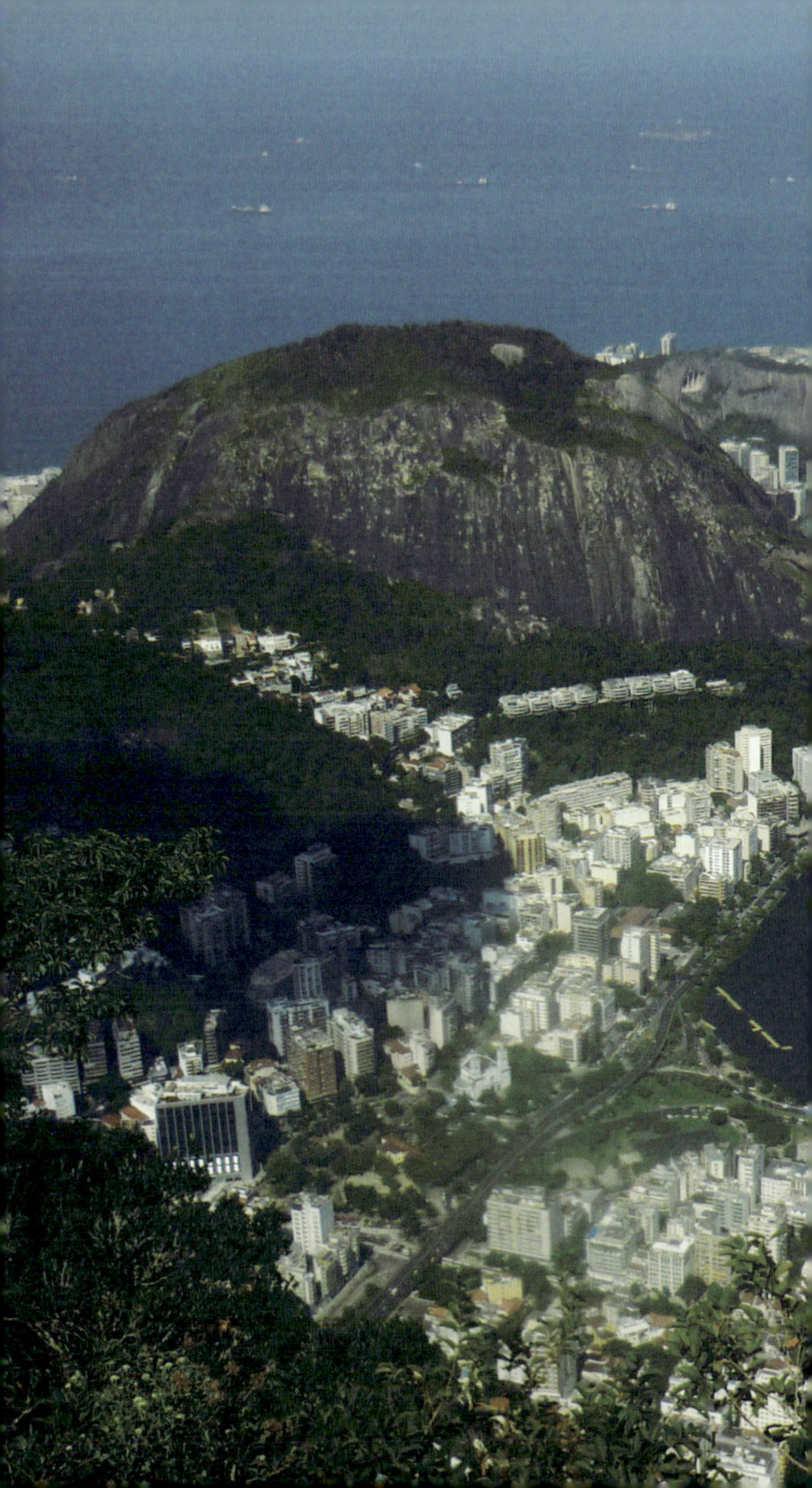

# Cristo Redentor e a vista da cidade

↗ **UMA DAS SETE MARAVILHAS** do mundo moderno, a estátua do Cristo Redentor no alto do Morro do Corcovado está tão integrada à vida da cidade que o carioca sempre dá olhada para saber como ela está. Olhar o Cristo é como um mantra, que se repete diversas vezes durante o dia, ainda que nem se perceba. Descobrir se está abaixo ou acima das nuvens, se estas estão densas ou esgarçadas como um algodão doce, ou ainda se a pedra encontra-se perfeitamente recortada no céu azul já indica como será o dia. Pode-se até generalizar um pouco e dizer que a população da cidade se comporta como guardiões da montanha e da gigantesca imagem de braços abertos.

Apesar de não ser a montanha mais alta da cidade, devido à sua posição geográfica privilegiada está sempre no campo de visão da população. A estátua só foi inaugurada em 1931, mas a trilha para chegar ao topo do morro é antiga: foi aberta por encomenda do imperador

D. Pedro I no começo do século XIX, e seu filho D. Pedro II instalou um trenzinho em 1884. É a menor estrada de ferro do mundo, com 3.824 metros.

Para se chegar à estátua do Cristo Redentor pode-se ir de carro ou pegar o trenzinho a partir da estação no bairro do Cosme Velho. A subida é por dentro da Mata Atlântica e tem lindas vistas da paisagem carioca. Embora a fila para pegar o trenzinho seja longa, principalmente nos finais de semana, nas férias e nos feriados – ou seja, quase sempre –, vale a pena a espera. A paisagem é única, e a estátua do Cristo vista de perto é muito interessante. Pode-se ir de carro, mas não tem a mesma magia.

Outra possibilidade é ir a pé. Esse é um passeio para ser programado com antecedência e para ser feito por quem tem experiência e preparo físico, em grupo e com guia especializado. A subida começa como uma caminhada bem íngreme no Parque Lage e continua até encontrar a linha do trenzinho do Corcovado; segue paralela à linha e inclui um pedaço final de escalada pela pedra. Para saber mais e sem se aventurar por um caminho desconhecido, o melhor é checar no Clube dos Aventureiros se existe algum passeio ou escalada programada.

## MELHOR HORÁRIO

O melhor horário para subir até o Cristo é próximo do almoço. Com frequência a estátua fica encoberta ou a paisagem está escondida abaixo das nuvens tanto pela manhã, quanto ao cair da tarde. No verão costuma chover bastante à tarde.

Se o tempo estiver nublado e, é claro, para quem não faz questão de ver a paisagem, vale a pena subir ao Corcovado para aproveitar um lindo passeio pela Mata Atlântica por dentro das nuvens.

## DURAÇÃO

2 a 3 horas.

## OBSERVE

Escolha alguns pontos da cidade e localize-os lá de cima. Algumas vezes é possível ver a própria casa ou local onde se está hospedado.

## MERECE

Tirar foto embaixo da escada que leva à estátua com os braços abertos.

Visitar a Bica da Rainha após descer do Corcovado. Ela fica na mesma calçada da estação de trem; ande alguns metros pela rua Cosme Velho descendo a ladeira. No local existia uma fonte de águas ferruginosas que acreditava-se ser boa para a saúde. Dizem que a princesa Carlota Joaquina costumava frequentá-la no começo do século XIX, daí o seu nome.

## LEMBRE-SE

Apesar de comprar o ingresso antecipado, ainda é preciso entrar na fila para trocá-lo pela passagem. Apenas o horário está garantido, o que pode ocasionar uma pequena espera.

É bom levar chapéus ou bonés para todos e alguns livros ou jogos para entreter as crianças. Principalmente no verão, quando o calor é mais intenso.

**CRISTO REDENTOR E A VISTA DA CIDADE**

## ONDE COMER

No alto do Corcovado há um bar com muitos sucos de frutas naturais e algumas mesas ao ar livre.

A praça São Salvador, no Flamengo – praticamente uma linha reta a partir da estação do Corcovado –, fica escondida dentro do bairro e tem um bom número de botequins e restaurantes. O mais interessante deles é a Casa Brasil, com um cardápio tradicional e de boa qualidade, croquetes com receita holandesa e até lagostas ao Thermidor – gratinadas e servidas na própria cauda. Além de alguns bares e restaurantes na praça e nas ruas vizinhas, é comum encontrar nos finais de semana e nas noites de verão vendedores ambulantes na própria praça, "acampados" com suas caixas de isopor cheias de cervejas. O papo rola solto enquanto crianças brincam no parquinho.

A Churrascaria Majórica é um lugar tradicional do Rio. A decoração tradicional típica carioca não é das mais bonitas, mas a comida é muito boa.

PASSEIOS E SABORES CARIOCAS

## ENDEREÇOS

### ESTRADA DE FERRO CORCOVADO
Rua Cosme Velho, 513, Cosme Velho
**Horário:** diariamente, das 8h30 às 19h
**Tel.:** (21) 2558-1329
Informações sobre o trem:
www.corcovado.com.br
Para comprar o bilhete pela internet:
www.ingressocomdesconto.com.br/parque-trem-do-corcovado.html
Para quem vai de carro, o estacionamento é gratuito

### BICA DA RAINHA
Rua Cosme Velho, 383, Cosme Velho

### CLUBE DOS AVENTUREIROS
Informações e contato no site do clube:
http://www.clubedosaventureiros.com

### CASA BRASIL
Rua Senador Correia, 33, loja A, Praça São Salvador
**Tel.:** (21) 2205-9394 e 2205-0885

### CHURRASCARIA MAJÓRICA
Rua Senador Vergueiro, 11, Flamengo
**Tel.:** (21) 2265-6945

# RECEITAS
## SALGADINHOS

Uma das brincadeiras das crianças em festas infantis dos tempos passados era comer uma empadinha e falar "farofa" com a boca cheia e, assim, maldosamente, dar um banho de massa na cara de quem estivesse mais perto. Essa é, no entanto, uma memória de um período, por volta de 1960, quando as comemorações aconteciam na casa das famílias. Era comum ver as crianças correndo de um lado para outro e as mulheres sentadas em um canto da sala, trocando receitas e apreciando os petiscos.

Os salgadinhos surgiram na cidade por uma razão prática. Ainda no período colonial, os habitantes eram na sua maioria homens, jovens imigrantes que em grande parte não tinham qualificação profissional, portanto trabalhavam em empreitadas e para comerciantes, e ainda um número grande de africanos escravizados, sem tempo ou estrutura para cozinhar. Os salgadinhos eram vendidos em tabuleiros por ambulantes nas ruas das cidades e também preparados na hora em barracas fixas em determinadas praças, normalmente em pontos como chafarizes ou perto dos mercados, onde havia maior trânsito de pessoas. Essa comida de rua, com o passar dos séculos, se transferiu para dentro das casas e integrou-se à culinária local.

Mais tarde, no final do século XIX, chegou ao Brasil um grande número de imigrantes orientais, vindos em boa parte da região que hoje é o Líbano, mas, por terem passaportes do Império Otomano, ficaram conhecidos como turcos. A imigração do Oriente Médio acrescentou as esfirras e os quibes ao cardápio.

## EMPADINHAS DE QUEIJO

Salgadinho tradicional de festas, as empadinhas são sempre um sucesso. Os recheios podem variar entre carne, palmito e camarão. Mas a de queijo é a mais popular, talvez porque fique dourada e crocante por fora e macia por dentro.

**INGREDIENTES**

**RECHEIO**
125g de queijo minas bem fresco
15g de queijo parmesão ralado fino
3 colheres de sopa de creme de leite fresco
1/4 de colher de chá de noz-moscada
1/4 de colher de chá de pimenta-do-reino moída na hora

**MASSA**
1 e 1/4 de xícara de farinha de trigo
4 colheres de sopa de manteiga sem sal gelada
2 colheres de sopa de leite
2 gemas em temperatura ambiente
1/4 de colher de chá de sal

**MODO DE PREPARAR**
O segredo para as tradicionais empadinhas ficarem prontas em pouquíssimo tempo é preparar a massa bem fina e em pequena quantidade de cada vez.

Essa receita pode ser duplicada da seguinte maneira: dobre a quantidade de ingredientes do recheio e prepare duas porções de massa. O tempo de preparo de cada uma é de aproximadamente 3 minutos. Dobrar a quantidade de ingredientes para o preparo da massa não dá certo.

Prepare-a misturando a farinha e o sal com a manteiga até obter pedacinhos pequenos. Acrescente o leite e as gemas e aperte até obter uma bola.

Divida a massa em seis bolinhas. Aperte cada uma delas contra a parede das formas. Ajude com o dedo polegar. A camada deverá ficar com 2 ou 3mm de espessura. Não se preocupe em obter uma espessura homogênea. Guarde as formas forradas com a massa na geladeira por aproximadamente 30 minutos.

Amasse o queijo com um garfo ou com um espremedor de batatas. Tempere com a noz-moscada e a pimenta. Se for necessário, tempere com sal a gosto.

Recheie as forminhas de massa e asse as empadas em forno com temperatura média, 180°C, previamente aquecido, por aproximadamente 35 minutos ou até o recheio dourar e a massa estar cozida. Não asse demais, pois o recheio endurece ao esfriar.

**RENDIMENTO**
6 empadas com 7cm de diâmetro

## PASTEIZINHOS DE BERINJELA

Antes das tradicionais esfirras cariocas utilizarem fermento e ficarem com a textura de um pão, elas eram preparadas com uma massa fina e quase transparente, como nesta receita.

**INGREDIENTES**

**RECHEIO**
2 berinjelas grandes
6 a 8 azeitonas verdes sem caroço
1 colher de chá de curry picante ou harissa (um condimento marroquino)
1 colher de chá de alcaparras pequenas
1/2 colher de chá de sal
1 dente de alho (para quem gosta)
1 colher de chá de manteiga
1 colher de chá de farinha de trigo

**MASSA**
1/2 xícara de água morna
1/2 xícara de óleo de soja
1 colher de chá de sal
1 e 1/2 xícara de farinha de trigo
1 gema
1/2 colher de chá de água

**MODO DE PREPARAR**

**RECHEIO**
Para reduzir o tempo de preparo, o recheio pode ser feito na véspera. Coloque as berinjelas inteiras, com o cabinho e tudo, para cozinhar em uma assadeira no forno ou em uma frigideira de ferro no fogão. A chama precisa ser muito baixinha para as berinjelas cozinharem lentamente. É importante virar as berinjelas de lado para a casca não queimar, evitando amargar o sabor da polpa.

Coloque a polpa das berinjelas em uma peneira e polvilhe-as com uma pitada de sal. O sal ajuda a água das berinjelas a escorrer, deixando-as no ponto para serem misturadas com os outros ingredientes do recheio.

Coloque a manteiga em uma caçarola e, assim que ferver, junte a farinha e misture bem. Acrescente a berinjela, as alcaparras, tempere com sal, com o curry ou harissa e junte as azeitonas. Se precisar, junte uma ou duas colheres de sopa de água para obter um creme grosso. Se quiser, junte algumas nozes picadas.

**MASSA**
Aqueça um pouco a água. Bata, na batedeira com o gancho de fazer massas, a água com o óleo e o sal. Assim que a mistura começar a engrossar e ficar como uma emulsão, comece a polvilhar a farinha. Bata até a massa absorver toda a farinha e depois por mais 5 minutos.

A massa também pode ser sovada com as mãos, mas é importante não polvilhar a superfície de trabalho com farinha de trigo. A farinha seria absorvida pela massa e a tornaria mais dura. Deixe-a descansar durante pelo menos uma hora.

Divida a massa em três partes. Abra uma de cada vez com um rolo. Deixe a espessura da massa com no máximo 2mm, bem fina. Corte círculos de 4cm de diâmetro com o auxílio de um cortador de metal ou um copo.

Coloque uma colher de chá de recheio em cada círculo e feche como uma meia lua. Aperte bem os dois lados da massa para não abrirem enquanto assam. Pincele-os com a gema dissolvida na água. Asse-os no forno aquecido até ficarem levemente douradas.

Para acrescentar novos sabores polvilhe-os com sal grosso, sementes de gergelim, girassol ou erva-doce, depois de besuntadas com a gema dissolvida.

**RENDIMENTO**
12 unidades com 4cm com a massa muito fina (2mm)

## QUIBE DE BANDEJA

**Simples, rápido e um excelente prato para fazer em casa, sem fritura.**

**INGREDIENTES**

**RECHEIO**
1 cebola picada
2 colheres de sopa de óleo
250g de carne moída
Sal e pimenta a gosto
1 pitada de canela
2 colheres de sopa de pinoles picados ou amêndoas
2 colheres de chá de manteiga
1/2 xícara de caldo de carne ou de vegetais

**MASSA**
500g de carne moída, de cordeiro ou bovina
1/2 xícara de trigo para quibe
1 cebola picada
Sal e pimenta-do-reino a gosto (meia colher de chá de cada basta)

**MODO DE PREPARAR**
Deixe o trigo apenas coberto de água por pelo menos 4 horas. Ele vai inchar e aumentar o volume. Escorra bem em uma peneira. Enquanto isso, prepare o recheio. Refogue a cebola no óleo, acrescente a carne, tempere com sal, pimenta e canela. Misture bem, mas não deixe que a carne doure; ela terminará de cozinhar no forno. Misture os pinoles.

Enquanto o recheio esfria, prepare a massa. Primeiro bata o trigo no processador de alimentos. Pulse uma ou duas vezes. Em seguida, junte a carne, tempere com sal e pimenta e pulse mais algumas vezes para misturar o trigo e a carne.

Sove a massa com as mãos e espalhe metade no fundo de uma assadeira refratária untada com manteiga. Espalhe o recheio. Cubra com a outra metade da massa de carne e trigo. Molhe com duas colheres de sopa de caldo, marque a superfície do quibe com uma faca, formando losangos.

Asse no forno previamente aquecido a 200°C até dourar. Durante esse tempo a gordura da carne vai derreter e, para evitar que o quibe frite na assadeira, é preciso molhar com mais uma ou duas colheres de sopa de caldo. Para reaquecer mantendo a textura e sabor, evite o forno de micro-ondas.

**RENDIMENTO**
12 porções com 4cm de lado

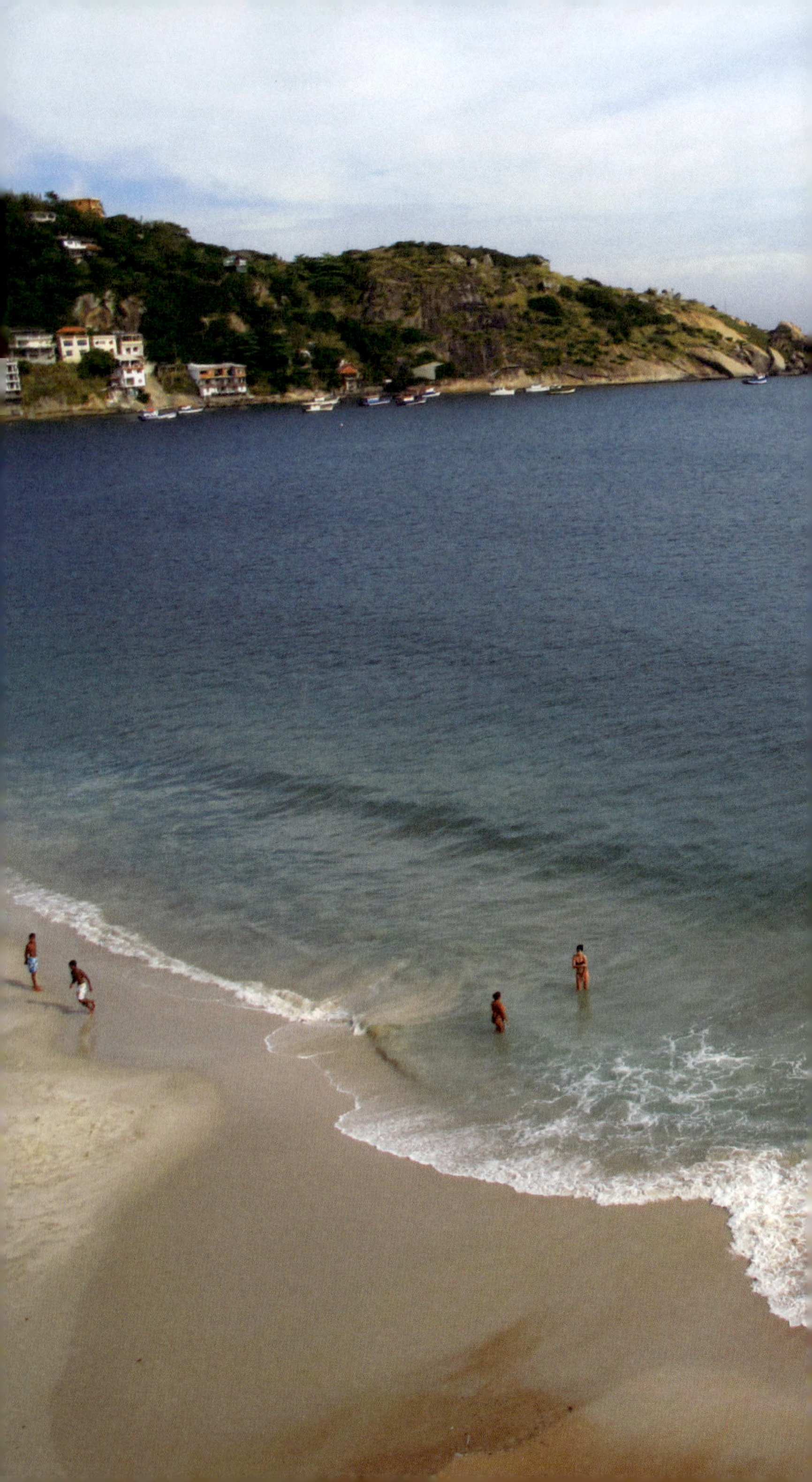

Pedra de Guaratiba e Sítio Roberto Burle Marx

**O RIO DE JANEIRO** tem uma gigantesca área rural pouco visitada por quem não vive na cidade, mas, para quem tem um dia livre, ir até lá é um passeio tão diferente que se tem a impressão de ter saído do Rio. A paisagem tem vegetação de restinga, com muita areia, cactos e poucos prédios, diferentemente da Barra da Tijuca e do Recreio dos Bandeirantes. É completamente diferente da Zona Sul e do centro da cidade. A sua orla é ocupada por povoados de pescadores ou áreas militares. A região começa assim que o Recreio dos Bandeirantes termina e segue até Sepetiba, à beira-mar, e Santa Cruz, no interior, o limite sul da cidade.

Engana-se quem acha que ali é o fim do Rio de Janeiro. Na verdade, a cidade começou também naquela região, à beira da Baía de Sepetiba, que é fechada por longa restinga, a da Marambaia, com areias brancas. Houve na região um importante porto de embarque de pau-brasil, no século XVI, engenhos de açúcar e, em 1710, com a sua baía bastante abrigada, serviu de ponto de partida para – no que diz respeito à estratégia – um genial ataque pirata à cidade por corsários franceses, que assim evitaram o confronto com os canhões que protegiam a Baía de Guanabara, do outro lado da cidade.

Mas antes desse tempo e antes de a população nativa se estabelecer no litoral, o local foi povoado por uma cultura cujos vestígios são os sambaquis – conchas, milhares delas, atualmente fossilizadas, da altura de pequenas colinas, acumuladas em um só lugar. Distribuídos pelo litoral brasileiro, são testemunhas de uma cultura bastante populosa, uma vez que alguns deles chegam a alcançar 15 metros de altura.

Na entrada da Restinga de Marambaia fica a Praia de Guaratiba e, um pouco mais para dentro da mesma baía, a Pedra de Guaratiba. Guará é o nome de um tipo de garça na língua tupi, uma ave pernalta e bem grande, que chega a ter 60cm de altura, com a plumagem vermelha por causa dos caranguejos avermelhados que fazem parte de sua alimentação. Elas povoavam todo o litoral brasileiro, do norte até o sul, no estado de Santa Catarina. Guaratiba, portanto, quer dizer ajuntamento de guarás.

Ali foi uma região de engenhos de cana-de-açúcar e grande ponto de pesca, que hoje está quase extinta devido à poluição das águas. A região anda um pouco à procura de sua vocação. Tem alguns restaurantes e, apesar de não se poder tomar banho no mar, a paisagem é linda. O mais interessante é que a maioria dos visitantes é das regiões mais próximas e também sem praia, de modo que a vida por lá é mais próxima da cultura caiçara do estado de São Paulo, logo na divisa.

Para se chegar até a Pedra de Guaratiba é fácil, a estrada é nova e bem-sinalizada. A partir do final do Recreio dos Bandeirantes, continuando-se pela Avenida das Américas, passa-se pelo Túnel da Grota Funda (o seu nome oficial é Túnel Vice-Presidente da República José de Alencar). A partir dali a estrada se estende por pequenos vilarejos de frente para o mar.

Originalmente uma colônia de pescadores, que ainda se mantém e tem um pequeno mercado, é um lugar muito simples e pacato. A antiga praia, cujo fundo tinha um pouco de lodo por causa do grande número de rios que desaguavam no local, agora desapareceu e sobrou só o lodo. Sujo, é verdade, mas a paisagem com a maré baixa ou alta pode ser apreciada de um atracadouro e de uma imensa rua suspensa, um deque, em frente às casas.

A rua principal, paralela ao mar, tem grande número de bares e restaurantes, desses com cadeiras e bancos de plástico na varanda, que servem moquecas de peixe e alguns frutos do mar. O peixe é fresco, a comida não é alta gastronomia, mas o passeio é lindo. Ao final dessa rua há uma pequena capela de 1626, restaurada e não muito grande, proporcional ao povoado.

## O JARDIM ENCANTADO

Na ida ou na volta do passeio, com um pequeno desvio, passa-se pela porta de um jardim que pode ser visitado com hora marcada: o **Sítio Roberto Burle Marx**, que abriga a casa e a chácara de um dos mais importantes paisagistas do mundo, responsável pelo parque do Aterro do Flamengo, que mudou a orla marítima da região central da cidade com 7 km de jardins.

Em uma visita guiada, é mostrada uma coleção muito variada com plantas tropicais e não apenas da Mata Atlântica brasileira. Mesmo para quem não tem um interesse especial por plantas, é interessante a visita. Podem-se ver palmeiras, bromélias extraordinárias, flores da Costa Rica, árvores da Índia e de todas as regiões do Brasil, e ainda assim nos sentimos em casa.

## MELHOR HORÁRIO

Das 8h às 14h. Durante a semana a região recebe poucos visitantes. Em compensação, nem todos os bares e restaurantes estão abertos. Ainda assim, é interessante ver a vida do lugar em sua versão mais calma.

## DURAÇÃO

Entre 4 e 6 horas.

## OBSERVE

No Sítio Roberto Burle Marx, observe como as plantas dos trópicos nos dão a sensação de familiaridade por sua exuberância – o mato é parecido com o que estamos acostumados e, ao mesmo tempo, não são as mesmas plantas. Embora tenham vindo da mesma latitude, muitas foram trazidas de locais distantes.

Todas as plantas são raras, mesmo aquelas que conhecemos da praça da esquina de nossas casas. Nós é que não sabíamos disso.

## MERECE

Na Pedra de Guaratiba dar uma caminhada pelo deque sobre o mar.

Observar as helicônias, no Sítio Burle Marx, com as suas flores em formatos tão diferentes que algumas vezes parecem aves pousadas em suas folhas.

## LEMBRE-SE

Se a visita for no cair da tarde, passe repelente para os mosquitos não incomodarem.

## ONDE COMER

A rua principal da Pedra tem bares e restaurantes um ao lado do outro que servem caldeiradas e moquecas de peixe ou frutos do mar.

# ENDEREÇOS

## SÍTIO ROBERTO BURLE MARX
O sítio só oferece visitas guiadas, que precisam ser agendadas. Por isso, lembre-se de ligar antes de ir.
Estrada Roberto Burle Marx, 2.019, Barra de Guaratiba
**Tel.:** (21) 2410-1412
**Horário:** de terça-feira a sábado, com dois horários de visita, às 9h30 e às 13h30. Cada visita dura aproximadamente uma hora e meia.

## PEDRA DE GUARATIBA
A rua paralela ao mar chama-se rua Barros de Alarcão, onde estão os restaurantes e barzinhos de peixe.
Para chegar a Pedra de Guaratiba de carro, distante 45 km do centro do Rio, o melhor caminho é dirigir direto pela Avenida das Américas, desde a Barra da Tijuca em direção ao sul, e seguir as placas. A região é bem-sinalizada e tem ótimas estradas e ruas.

# RECEITAS
## COMIDA CASEIRA

Assim como muitas comidas de rua que com o passar dos séculos passaram a ser preparadas nas casas dos moradores da cidade, também ocorreu um movimento inverso: a comida caseira passou a fazer parte dos cardápios tanto dos restaurantes populares e mais baratos quanto de restaurantes mais caros e com uma cozinha mais refinada. O picadinho, por exemplo, tem uma versão diária quando a carne refogada é servida com arroz branco, mas quando é servido nas festas ganha uma versão mais cerimoniosa, acompanhado de farofa de banana. O peixe com pirão, exemplo de prato que caminha da mesa de casa para o restaurante, é conhecido também como peixe à brasileira.

# PEIXE COM PIRÃO

O prato tem como principal característica o seu acompanhamento: um pirão bem-temperado preparado com um caldo de peixe e farinha de mandioca.

**INGREDIENTES**

**PEIXE**
1 robalo ou namorado com 1,5kg
Suco de 1 limão
1 colher de chá de sal
1 dente de alho esmagado
2 colheres de sopa de óleo
600g de camarões miúdos ou médios
3 tomates maduros

**CALDO**
A cabeça do peixe
3 litros de água
1 cebola
2 dentes de alho
8 talos de salsa com as folhas
1 pimenta dedo-de-moça
1 colher de chá de cúrcuma
1 folha de louro
2 cebolinhas inteiras
Sal a gosto
4 colheres de sopa de farinha de trigo ou de mandioca para as postas de peixe
8 colheres de sopa de óleo
1 xícara de farinha de mandioca crua

**MODO DE PREPARAR**
Uma boa posta de peixe, gorda e farta, com molho de camarão e um pirão, é um prato típico do litoral do Sudeste brasileiro. Ainda na peixaria, peça para limparem o peixe, cortá-lo em postas e guardar a cabeça. Pergunte na peixaria se eles podem colocar uma coluna de salmão no pacote – ela ajuda bastante na cor e no sabor do molho.

Lave a cabeça do peixe, coloque em uma panela com a salsa, a cebolinha, a folha do louro e a pimenta cortada sem as sementes. Cubra com a água e tempere com pouco sal. Cozinhe lentamente até obter um caldo bem-temperado. Passe por uma peneira, devolva à panela e acrescente uma colher de chá de cúrcuma.

Lave as postas de peixe, tempere com sal, esfregue o suco de limão e o alho. Passe um dos lados de cada posta na farinha de trigo e doure-as só do lado da farinha. Acrescente os camarões, os tomates picados e molhe com duas xícaras do caldo de peixe. Cozinhe no fogo bem baixo até o peixe ficar macio e o molho quase secar.

Aqueça o caldo e acrescente a farinha de mandioca, sem parar de mexer para não encaroçar. O pirão estará pronto quando adquirir a textura de um purê macio. Acerte o sal e sirva como acompanhamento para o peixe com molho de camarão.

**RENDIMENTO**
4 porções

## PICADINHO COM ARROZ

**Certamente o prato típico do Rio de Janeiro, a carne bem-cozida e temperada com moderação é um prato que agrada adultos e crianças pela sua simplicidade.**

**INGREDIENTES**
500g de carne de alcatra ou chã de dentro (coxão mole) cortada em cubos com 1,5 cm de lado
3 colheres de sopa de óleo
1 cebola grande picada
2 dentes de alho amassados
2 folhas de louro
4 tomates grandes bem maduros
3 xícaras de chá de água
3 colheres de chá de sal
Pimenta-do-reino moída na hora
2 colheres de sopa salsa bem picada

**MODO DE PREPARAR**
O picadinho pode ser cozido lentamente em uma panela tampada no fogo bem baixinho ou por 20 minutos em uma panela de pressão. A carne fica mais gostosa quando cozida na véspera. O picadinho é servido com banana da terra ou ovo frito e sempre acompanhado com arroz branco.

Doure levemente a carne no óleo quente, no fogo alto. Acrescente pequenas quantidades de cada vez, para não liberar água. Abaixe o fogo, polvilhe os cubos de carne com um pouco de sal, junte a cebola picadinha (algumas pessoas até preferem ralar a cebola) e o alho descascado e esmagado. Mexa sem parar, até a cebola ficar transparente.

Acrescente os tomates picados e, quando estiverem macios, cubra com a água e coloque as folhas de louro na panela. Cozinhe o picadinho com a panela tampada até a carne ficar muito macia e o molho, grosso. Algumas vezes é preciso deixar o molho evaporar um pouco mais. Na hora de servir misture a salsa picadinha, prove e acerte a quantidade de sal e polvilhe com pimenta-do-reino a gosto.

**RENDIMENTO**
4 porções

## CAMARÃO COM CHUCHU

**Mais um clássico carioca. Em sua versão bem caseirinha, é preparado com camarões bem miúdos e mais baratos, mas para uma versão mais elegante é preciso usar camarões de tamanho grande e cortar os chuchus com um boleador.**

**PEDRA DE GUARATIBA E SÍTIO ROBERTO BURLE MARX**

**INGREDIENTES**
750g de camarões pequenos descascados e limpos
Suco de meio limão
Sal e pimenta-do-reino a gosto
2 colheres de sopa de salsa ou 1 colher de sopa de coentro
4 colheres de sopa de azeite
1 cebola média
1 dente de alho picado
3 tomates grandes e maduros
2 chuchus de casca verde clara de tamanho médio

**MODO DE PREPARAR**
Prato bom para servir em dia de feira, quando o camarão está fresquinho; tem sabor delicado.

Lave os camarões em bastante água corrente e escorra. Deixe-os temperados com suco de limão, sal e a salsa em uma vasilha.

Refogue a cebola cortada em anéis finos e o alho no azeite quente até a cebola ficar transparente. Misture os camarões e, assim que ferver, acrescente os tomates cortados em cubos sem as cascas e as sementes. Junte os chuchus descascados e cortados em cubos com 2cm de lado e abaixe o fogo.

Cozinhe só até o chuchu ficar al dente. Deve demorar em torno de 15 minutos. Se precisar, junte um pouco de água. Polvilhe com o resto da salsa ou coentro a gosto. Acerte o sal e sirva com arroz branco.

**RENDIMENTO**
4 porções

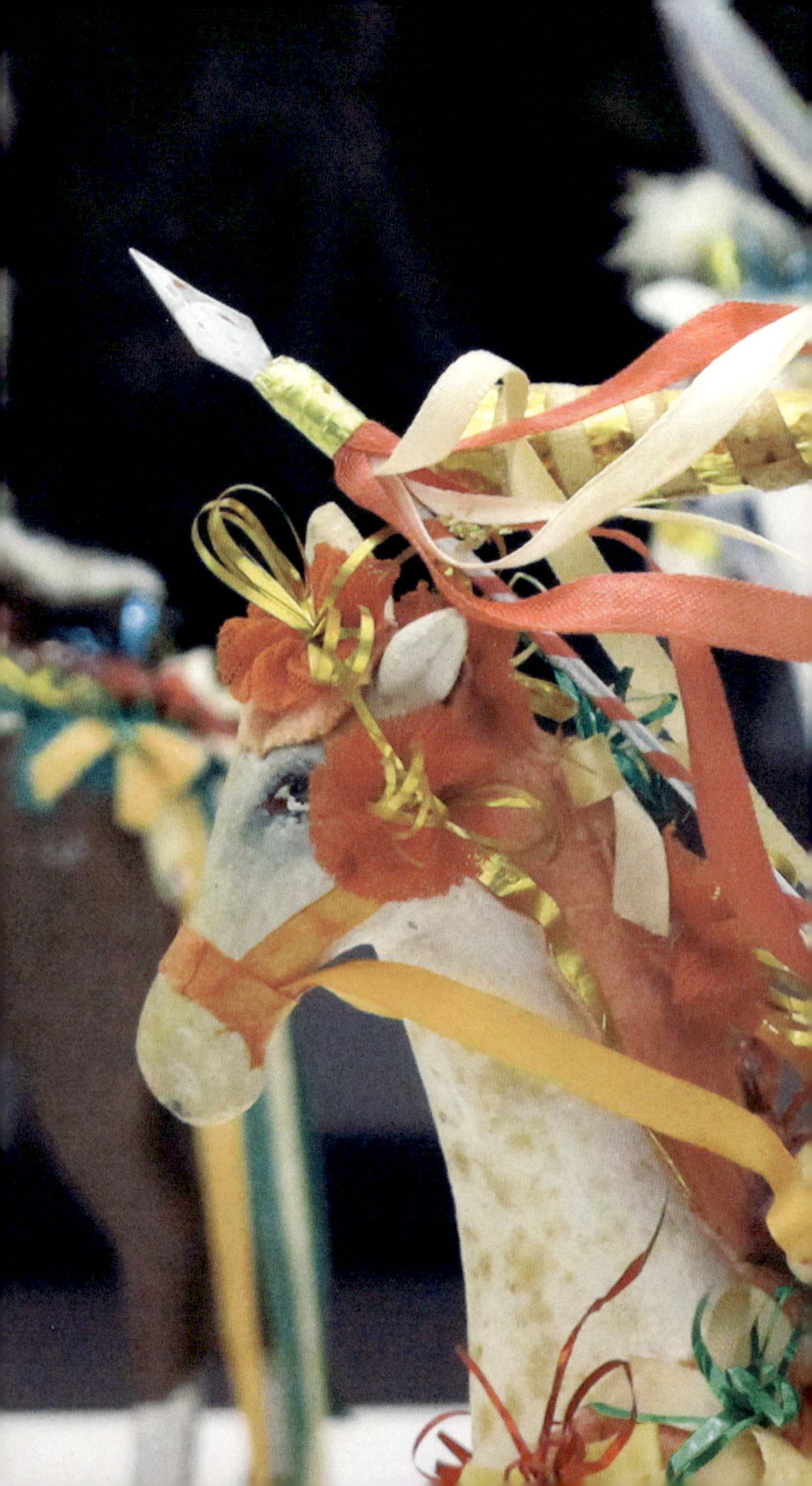

# Museu Casa do Pontal, Prainha e Grumari

↗ **"DO LEME AO PONTAL** não há nada igual", cantava o inigualável Tim Maia para falar dos limites da vida carioca. Ao mesmo tempo que o fazia, deixava de fora as praias mais adiante, região que ainda hoje permanece como um pequeno paraíso para o surf, um dos símbolos da vida esportiva da cidade, junto com o futebol, o frescobol e o vôlei de praia.

O Rio de Janeiro tem o mar e a montanha com perfis impressionantes, e a proximidade entre os dois transforma a paisagem em um cenário de uma beleza extremamente dramática. O mar e a vida à beira-mar e dentro da água moldaram um estilo de vida que aparece em suas praias ainda selvagens, como a Prainha e Grumari, situadas em áreas de proteção ambiental e com ondas perfeitas para surfar. O lugar é ótimo para se passar o dia, para piqueniques e com muita sombra e água fresca.

Um pouco antes de chegar às praias da Prainha e de Grumari é preciso passar pelo Pontal, uma pequena floresta com muitos sítios e uma vegetação típica da Mata Atlântica. No meio da força bagunçada típica da Mata Atlântica local é possível ver espécies de árvores diferentes convivendo no mesmo espaço, bromélias parasitando em seus troncos, além de micos e macacos-pregos, passarinhos, papagaios e maritacas gritando como se a cidade barulhenta não estivesse há minutos dali. Nas proximidades, em um sítio bem-cuidado, está o **Museu Casa do Pontal**.

A coleção do Museu tem oito mil esculturas de madeira e figuras de barro, cada uma mais interessante do que a outra. Algumas reproduzem cenas de trabalho animadas e podem ser movimentadas por engrenagens. Há também mais de uma galeria dedicada aos adereços usados em festas populares, o que permite se apreciar em um só lugar uma coleção única.

Reunida pelo designer Jacques van de Beuque durante a segunda metade do século XX, a coleção do Museu da Casa do Pontal é hoje um testemunho da atividade de um

**MUSEU CASA DO PONTAL, PRAINHA E GRUMARI**

grande número de artistas de todo o país. Essas esculturas e modelagens retratam de maneira extraordinária a vida cotidiana e as festas da população brasileira. Assim, visitar a Casa do Pontal é também uma viagem à vida de milhões de brasileiros durante o século XX.

## MELHOR HORÁRIO

Comece o programa com uma visita ao Museu Casa do Pontal e tire o resto do dia para ficar na Prainha e em Grumari.

## DURAÇÃO

6 horas.

## OBSERVE

No Museu Casa do Pontal, aproveite para reparar bem os bonecos nas vitrines que mostram tradições folclóricas, como a cavalhada, completa com cavaleiros e máscaras, ou aquelas que reproduzem a vida cotidiana, como o consultório médico e a banca da feira.

Na Prainha e em Grumari, leve para comer na praia uma cesta com sanduíches e frutas. Não esqueça o saco de lixo para não deixar um rastro de resíduos.

## MERECE

Aproveite para fazer um programa diferente, principalmente se estiver com crianças. O Museu Casa do Pontal oferece visitas acompanhadas por educadores para pequenos grupos. É preciso agendar.

## LEMBRE-SE

É importante levar água e alguma fruta, embora a Prainha tenha dois quiosques. Filtro solar e uma barraca de praia também são importantes para se passar um dia mais agradável.

## ONDE COMER

As duas praias têm quiosques onde é possível comer um lanche, mas o mais divertido é levar uma cesta com um piquenique completo com sanduíches, frutas, legumes crus cortados como bastõezinhos e uma garrafa térmica com caipirinha.

## ENDEREÇOS

### MUSEU CASA DO PONTAL
Estrada do Pontal, 3.295, Recreio dos Bandeirantes
**Tel.:** (21) 2490-4013
**Horário:** de terça-feira a domingo, das 9h30 às 17h
www.museucasadopontal.com.br

### PRAINHA E GRUMARI
Localizadas depois do Recreio dos Bandeirantes, não há como errar o caminho. É só seguir até o final da avenida Sernambetiba – a avenida que margeia as praias da Barra da Tijuca e do Recreio dos Bandeirantes –, atravessar uma ponte sobre um canal (nesse ponto a passa a se chamar avenida Estado da Guanabara) e pronto: a Prainha fica logo depois de uma pequena subida e Grumari é a praia logo em seguida. Ambas ficam a uma hora de carro a partir da Zona Sul.

MUSEU CASA DO PONTAL, PRAINHA E GRUMARI

# RECEITAS
## BISCOITINHOS E BOLACHAS

Pequenos biscoitos doces e salgados eram, e ainda são, um sinal de capricho dos donos da casa. As casas cariocas produziam uma boa quantidade de biscoitos caseiros, saborosos, fáceis de fazer, guardados sempre em um vidro no qual era possível pegar um para matar a vontade de comer um docinho.

## BISCOITINHOS AMANTEIGADOS COM PERFUME DE LARANJA

Em homenagem aos lanches servidos pelas tias-avós do passado, prepare os amanteigados e conte uma história de um grande amor. Vale ler um poema ou um conto de Machado de Assis para os amigos.

### INGREDIENTES
1 xícara de manteiga sem sal
3/4 xícara de açúcar
1 gema
1/2 colher de chá de casca de laranja ralada ou 1/4 de colher de chá de casca de limão ralada
2 xícaras de farinha de trigo
4 colheres de açúcar cristal

### MODO DE PREPARAR
Deixe a manteiga em temperatura ambiente até ficar macia, com a textura de uma pomada.

Utilizando uma batedeira, trabalhe a manteiga até ela clarear. Em seguida junte o açúcar e, sem parar de bater, acrescente a gema e a casca de limão ou de laranja raladas.

Adicione a farinha aos poucos. Para não tomar um banho de farinha, misture-a na massa com o auxílio de uma espátula para em seguida terminar de bater com a batedeira. A textura deve ser uniforme e macia.

Transfira a massa para uma tábua. Se estiver muito mole, coloque-a na geladeira (junto com a tábua) por 15 minutos, pois com a manteiga um pouco mais sólida será mais fácil moldar os biscoitos.

Divida a massa ao meio e enrole cada uma para obter dois cilindros com aproximadamente 3cm de diâmetro. Guarde-os na geladeira enrolados em um saco plástico até ficarem bem sólidos.

Para assar os biscoitos, primeiro aqueça o forno com a temperatura baixa, 180°C. Forre o fundo de uma assadeira com papel-manteiga. Corte o cilindro de massa em fatias com 0,5 cm de espessura. Distribua-as sobre o papel-manteiga. Asse os biscoitos entre 10 e 15 minutos – depende do forno –, até começarem a dourar em baixo e ficarem ligeiramente coloridos por cima. Polvilhe os biscoitos ainda quentes com açúcar cristal.

### RENDIMENTO
36 unidades de 3cm

## BOLACHAS DE CHOCOLATE COM LASCAS DE CHOCOLATE

No Rio existe uma diferença entre bolachas e biscoitos. As primeiras são mais generosas e fazem menos cerimônia, com tamanho exagerado e com maior número de ingredientes. As crianças (e os adultos) adoram!

### INGREDIENTES
1 e 1/4 de xícara de chocolate meio amargo
4 colheres de sopa de manteiga sem sal
2/3 de xícara de farinha de trigo
1/2 colher de chá de fermento em pó
1/4 de colher de chá de sal
2 ovos
3/4 de xícara de açúcar cristal
1 xícara de chocolate amargo picado para ser acrescentado à massa

### MODO DE PREPARAR
Preparados com muito capricho, esses biscoitos ficam ainda melhores servidos com leite gelado antes de dormir.

Derreta o chocolate meio amargo e a manteiga em uma tigela em banho-maria. Enquanto isso, bata os ovos com o açúcar com uma batedeira até obter uma gemada de cor clara e bem densa. Essa massa de ovos e açúcar vai crescer e deverá duplicar o seu volume inicial.

Misture bem o chocolate amolecido com a manteiga para obter uma calda brilhante; certifique-se de que todos os pedaços do chocolate desmancharam. Essa receita foi preparada com manteiga, então cuidado, pois o resultado final com margarina pode ser diferente.

Retire a tigela do fogo e espere até o chocolate ficar morno para ser acrescentado à gemada – o calor do chocolate cozinharia a gemada. Junte a farinha misturada com o sal e o fermento. Bata só até a metade da farinha ser absorvida pela massa de ovos e chocolate. Junte, por último, os pedacinhos de chocolate.

Forre três assadeiras com papel-manteiga ou com um tapetinho de silicone. Distribua doze bolinhos em cada uma delas. Para fazer biscoitos com o mesmo tamanho utilize um boleador de sorvete ou uma colher de chá como medida. Asse-os no forno previamente aquecido a 200º C, por 15 minutos.

Para saber se os biscoitos estão prontos observe se a superfície está quebradiça e a cor, sem brilho. Não deixe os biscoitos ficarem mais um pouco no forno para tomarem cor, pois eles ficarão muito duros e o sabor será amargo. Retire a assadeira depois de 15 minutos no forno.

Deixe esfriar. Os biscoitos não ficarão moles, pois endurecem à medida que a manteiga esfria.

### RENDIMENTO
36 unidades com 5cm de diâmetro

## SALGADINHOS DE QUEIJO

Essa receita é da época em que serviam coquetéis como o Bloody Mary aos domingos antes do almoço. Esses salgadinhos são perfeitos para lanches e recepções.

**INGREDIENTES**
3 xícaras de farinha de trigo
150g de manteiga gelada
1/2 de xícara de queijo parmesão ralado grosso
1/2 colher de chá de sal
1/4 de xícara de água
1 colher de sopa de vinagre de vinho branco

**MODO DE PREPARAR**
Prepare uma massa muito gostosa e fácil de ser trabalhada. Para fazer na batedeira, misture com o gancho de massa a farinha, o queijo, o sal e a manteiga cortada em pedaços com aproximadamente 2cm de lado.

Para trabalhar a massa com as mãos, comece desmanchando a farinha, o sal e o queijo parmesão com a manteiga até obter uma farinha grossa e, em seguida, acrescente o vinagre. A água deverá ser acrescentada aos poucos, apenas até a massa formar uma bola.

Abra metade da massa, com o auxílio de um rolo, sobre uma superfície polvilhada com farinha de trigo. Corte pequenas bolachas com o auxílio de um cortador de metal polvilhado com farinha de trigo. Transfira-as para uma assadeira retangular forrada com papel-manteiga. Se quiser, deixe para assar em outra ocasião a outra metade da massa. A massa pode ficar na geladeira enrolada em um filme plástico por um mês.

**RENDIMENTO**
48 unidades com 2cm de diâmetro

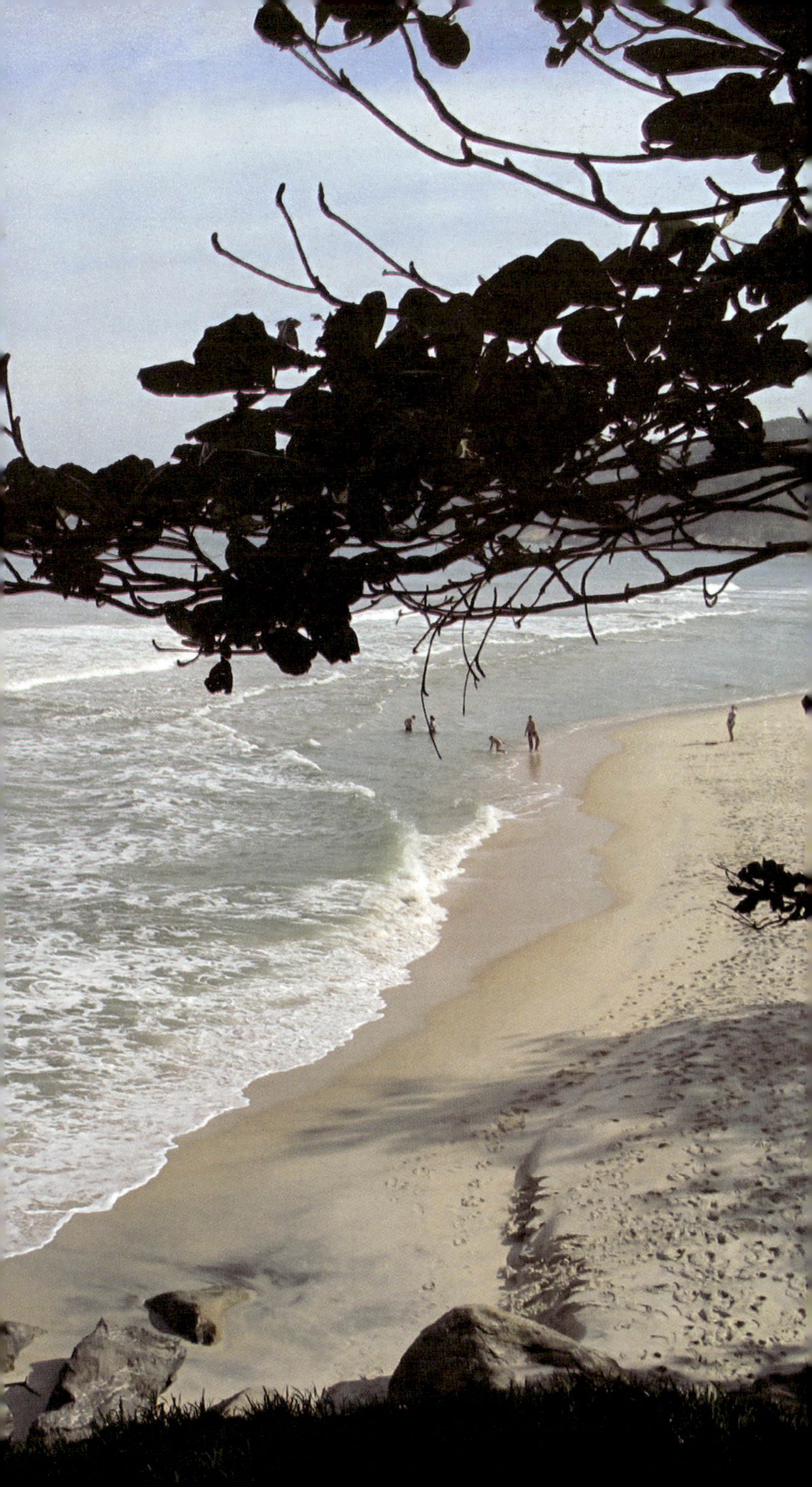

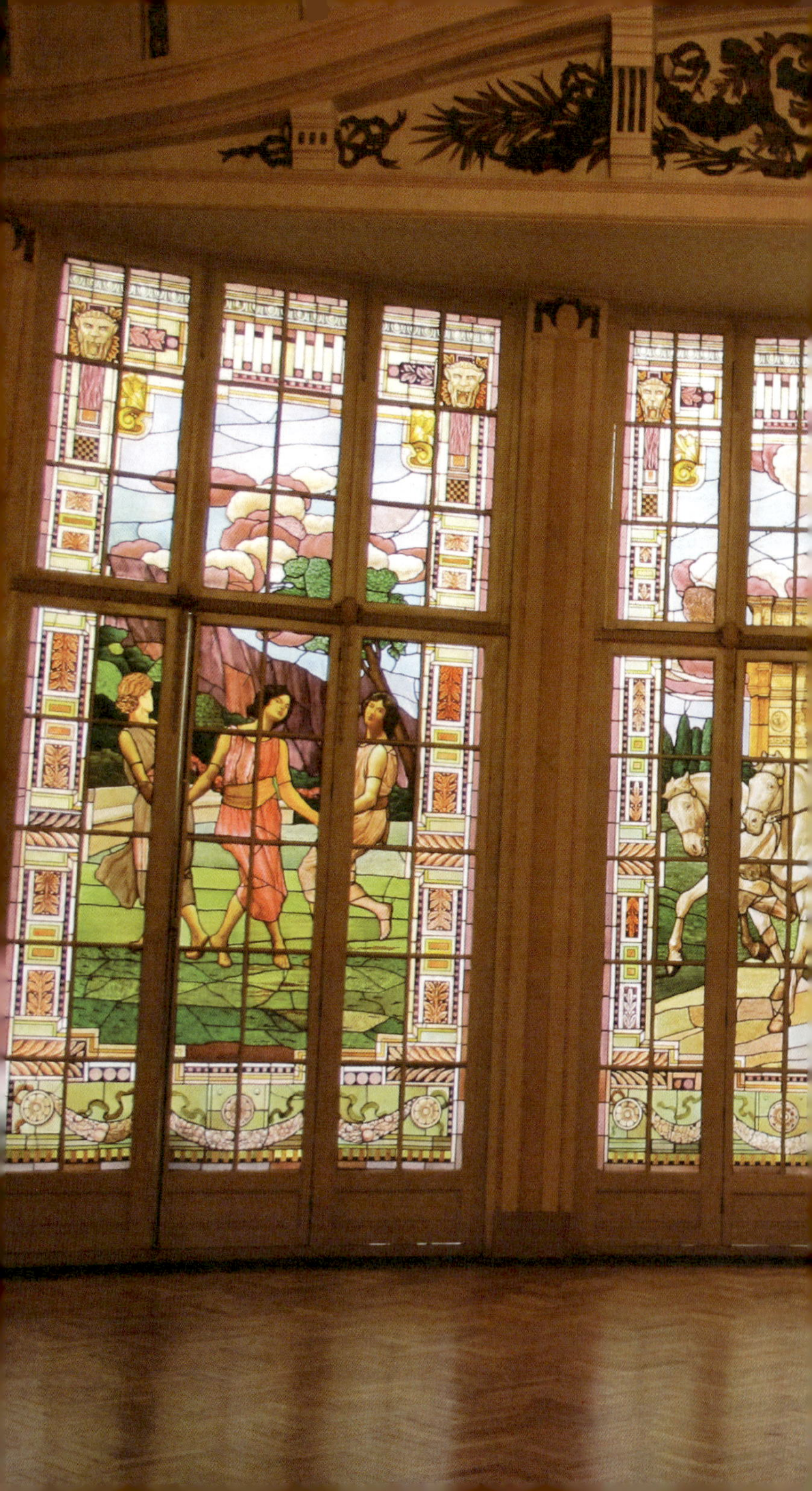

## Rio Futebol

Museu do Futebol
no Maracanã
e sala de troféus
no Fluminense F.C.

**O FUTEBOL CHEGOU AO** Brasil como coisa de inglês. E era mesmo. O jogo de futebol já era bastante difundido na Inglaterra no final do século XIX, quando chegou ao nosso país. Os primeiros times e associações a reunirem um time para jogar bola foram, em boa parte, formados por ingleses e canadenses que trabalhavam no Brasil. Muitos deles eram funcionários de empresas estrangeiras que forneciam energia elétrica, como a Light no Rio de Janeiro. No mesmo período um ou outro grupo de estudantes brasileiros e marinheiros estrangeiros já ensaiavam alguns jogos pelas praias da cidade.

Esses clubes tinham nomes como São Paulo Athletic Club, no qual, em 1894, Charles Miller organizou o primeiro time de futebol paulista, ou Payssandu Athletic Club, no Rio de Janeiro. O primeiro clube da cidade cujo principal esporte era o futebol foi o Fluminense Football Club, fundado em 1902. Os demais clubes eram, em sua maioria, clubes de regatas, como o Clube de Regatas do Flamengo ou o Clube de Regatas Vasco da Gama. Ambos mantêm até hoje uma sede náutica na Lagoa Rodrigo de Freitas.

No entanto, um dos maiores responsáveis pela massificação do futebol como paixão nacional foi o jornalista Mário Rodrigues Filho, o Mário Filho, irmão do também jornalista Nelson Rodrigues. Mário Filho, que dá nome ao estádio do **Maracanã**, foi quem de fato abriu espaço na imprensa para os times, criou e promoveu mais de um campeonato nacional de futebol nos jornais para os quais escrevia e chegou até a fundar um jornal esportivo, o *Jornal dos Sports*. E com todo esse empenho abriu espaço para que garotos e garotas se tornassem os reis da bola nas várzeas e nas areias das praias.

Para saber mais sobre a história do futebol é possível fazer duas visitas rápidas, pois os locais são pequenos e especiais. O Estádio do Maracanã tem um museu com estátuas, camisas, filmes de gols e alguns brindes

– talvez pouco interessantes, poderiam ser mais bem-apresentados, ter melhor design e ser mais criativos. O seu ponto alto é um diagrama que explica o gol perfeito que Pelé, o maior jogador da história do futebol mundial, fez em um jogo do seu time, o Santos, contra o Fluminense, em 5 de março de 1961. O gol foi tão genial que Pelé, ao correr pelo campo com a bola no pé, driblava e ultrapassava os outros jogadores com passes surpreendentes. Resultado: o feito ganhou uma placa comemorativa, que deu origem à expressão "gol de placa".

Além do museu do Maracanã, o Fluminense Football Club instalou em sua sede no bairro das Laranjeiras uma sala com os troféus que ganhou ao longo dos últimos cem anos e um pequeno e charmoso museu com a sua história. Ali é possível ver desde as camisas e bolas mais antigas a fotos e trechos de filmes documentando vitórias do clube.

## MELHOR HORÁRIO

O número de visitantes é menor durante a semana ou nas férias escolares, perto da hora do almoço.

## DURAÇÃO

Cada uma das visitas pode ser realizada em duas horas.
 Os museus são pequenos, mas o mais interessante é ir ao Maracanã e em seguida ao seu clube predileto. As visitas são complementares e é um bom passeio para levar as crianças.

## OBSERVE

O museu do Fluminense tem painéis interativos, fotos históricas e filmes de gols com seus jogadores mais famosos.

## MERECE

Na sala de troféus do Fluminense, aproveite a visita ao clube e dê uma espiada no primeiro andar, onde fica o salão de festas com vitrais na janela. O salão pode ser alugado por quem não é sócio para casamentos e celebrações.

## LEMBRE-SE

No Maracanã, tire uma foto na calçada da fama ao lado das pegadas de seu craque preferido.
 No final da visita à sala de troféus do Fluminense, envie um ou mais cartões-postais de lembrança. Os cartões são enviados por e-mail, e os visitantes podem escolher fotos antigas e/ou de momentos importantes do clube.

## ONDE COMER

Para quem vai até Laranjeiras a fim ver os troféus, vale a pena subir até o bairro de Santa Teresa para saborear doces portugueses ou para comer no Aprazível, um restaurante agradável, com comida brasileira e uma vista panorâmica da Baía de Guanabara.

Próximo ao estádio do Maracanã, o Aconchego Carioca serve comida de botequim e tem também um cardápio criativo. Não deixe de pedir os bolinhos de feijoada, especialidade da casa.

# ENDEREÇOS

### MUSEU DO FUTEBOL NO ESTÁDIO JORNALISTA MÁRIO FILHO, MAIS CONHECIDO COMO ESTÁDIO DO MARACANÃ
Rua Professor Eurico Rabelo, Maracanã
**Tel.:** (21) 2334-1608
**Horário:** de segunda-feira a domingo das 9h às 17h

### FLUMINENSE FOOTBALL CLUB
Rua Álvaro Chaves, 41 (sala à direita do Salão Nobre), Laranjeiras
**Tel.:** (21) 3572-8233 / 3572-8234
**Horário:** de segunda-feira a sábado, das 10h às 18h; domingos, das 10h às 16h. A sala fecha às terças. Visitantes pagam entrada.

### CLUBE DE REGATAS DO FLAMENGO
Para os flamenguistas, o clube mantém uma sala com os troféus.
Avenida Borges de Medeiros, 997, Lagoa
**Tel.:** (21) 2159-0100
www.flamengo.com.br

### ACONCHEGO CARIOCA
Rua Barão de Iguatemi, 379, Praça da Bandeira
**Tel.:** (21) 2273-1035
**Horários:** segundas-feiras, das 12h às 16h; de terça-feira a sábado, das 12h às 23h; domingos, das 12h às 17h

### APRAZÍVEL
Rua Aprazível, 62, Santa Teresa
**Tel.:** (21) 2508-9174
**Horários:** terça-feira a sábado, das 12h às 23h; domingos, das 12h às 18h
É aconselhável reservar.
www.aprazivel.com.br

### ALDA MARIA DOCES PORTUGUESES
Rua Almirante Alexandrino, 1.116, Santa Teresa
**Tel.:** (21) 2232-1320 / 2242-3110
**Horário:** terça-feira a domingo, das 14h às 19h
www.aldadocesportugueses.com.br

## RECEITAS

## PRATOS DE FESTAS E ALMOÇOS LONGOS

Os pratos tradicionais de festa variam um pouco de acordo com a época do ano. Os mais conhecidos são a feijoada, normalmente servida nos almoços de aniversário e às sextas como prato do dia nos restaurantes, e a bacalhoada, servidas em almoços de domingo ou no Natal e em pratos generosos em restaurantes portugueses. A sopa Leão Veloso é uma curiosidade do tempo em que o Rio de Janeiro era a capital da República.

## BACALHOADA

O prato de origem portuguesa é preparado de maneira muito simples. O segredo está em sempre retirar bem o sal e hidratar muito bem o bacalhau antes de prepará-lo.

**INGREDIENTES**
600g de bacalhau
12 batatas
4 pimentões
6 tomates
2 cebolas grandes
1 cabeça de alho
2 colheres de chá de sal
1 colher de chá de pimenta-do-reino moída
1 xícara de azeite extra virgem
2 xícaras de água

**MODO DE PREPARAR**
O prato é muito leve, adequado para o verão. Os restaurantes portugueses o servem acompanhado de batatas cozida e azeite.

A etapa mais demorada no preparo do prato é dessalgar o bacalhau. O pedaço do bacalhau usado nesse prato é o lombo, porque é a sua parte mais alta e com pedaços maiores. O mais adequado é deixar o bacalhau hidratando por 48 horas para a carne ficar macia e soltar todo o sal usado na conservação.

Lave o bacalhau em água corrente para limpar o sal que fica em volta. Encha uma vasilha com água e coloque o bacalhau. Troque a água a cada 3 horas, e à noite guarde-a na geladeira. Continue a hidratar o bacalhau no dia seguinte e prove um pedacinho para ver se o sal foi eliminado. Se ainda estiver salgado, troque a água mais algumas vezes e deixe na geladeira até o dia seguinte.

Na hora de preparar a bacalhoada, ferva 2 litros de água em uma panela, coloque o bacalhau e, quando ferver novamente, aguarde 5 minutos. Jogue fora a água do bacalhau por um escorredor, como se fosse macarrão. Retire a pele e separe o bacalhau em pedaços.

Em outra panela, arrume no fundo as batatas descascadas e cortadas em fatias grossas. Polvilhe com pouco sal e pimenta. Em seguida, faça camadas com a cebola descascada e cortada em anéis, metade dos tomates cortados em fatias, metade dos pimentões cortados em anéis com 2cm de espessura e metade das lascas de bacalhau. Polvilhe com mais um pouco de sal e pimenta e regue com um fio de azeite. Repita mais uma vez as camadas e tempere-as novamente. Regue com um fio de azeite. O resto do azeite será utilizado à mesa.

Coloque a cabeça de alho inteira, só com a casca fina, na panela. Acrescente a água, tampe a panela e cozinhe em fogo baixo até a batata ficar macia. Sirva com arroz.

Retire a cabeça de alho da panela e sirva-a com torradinhas como entrada. O sabor é adocicado, e os dentes ficam macios como um patê – é só pressioná-los com uma faca que saem da casca.

**RENDIMENTO**
6 pessoas

## FEIJOADA

Feijões cozidos com diferentes tipos de carne, sobretudo com os miúdos e as partes menos nobres, existem em muitos lugares do mundo. Mas só no Brasil o feijão-preto é servido com carne-seca, carnes salgadas e embutidos acompanhados de couve e de fatias de laranjas.

### INGREDIENTES
500g de feijão
4 litros de água
200g de carne-seca
100g de lombo de porco salgado
1 língua de porco defumada, pequena
300g de peito bovino magro fresco
2 paios
100g de toucinho magro defumado
150g de costela de porco defumada
100g de linguiça de porco grossa fresco
100g de linguiça fina fresca
2 folhas de louro
3 dentes de alho
3 colheres de sopa de óleo
Sal a gosto
1kg de couve cortada fina
2 colheres de sopa de óleo
1/2 colher de chá de sal
Laranjas descascadas e cortadas em fatias
Farinha de mandioca

### MODO DE PREPARAR

A feijoada hoje em dia tem muitas versões, cada família tem a sua maneira de prepará-la, mas é basicamente um feijão bem temperado no qual são cozidos diferentes tipos de embutidos e carnes. Essa receita é um pouco mais leve que a tradicional.

Na véspera, lave os grãos de feijão, retirando os mais estragados, e coloque-os de molho em água em uma tigela de um dia para o outro. Coloque de molho em vasilhas separadas a carne-seca e o lombo salgado. Troque a água várias vezes.

Para servir a feijoada em um almoço, lembre-se de que ela demora entre 3 e 4 horas para ficar pronta. No fogo bem baixo, coloque o feijão e a água na qual ficou de molho, as folhas de louro e o toucinho e mais os 4 litros de água em uma panela grande o suficiente para caber todas as carnes e ainda sobrar espaço. Cozinhe o feijão por 1 hora.

Acrescente a carne-seca, a língua, a costela defumada, os paios e o peito. Se necessário, junte mais água quente para manter os grãos de feijão e as carnes cobertos com água. Após 1 hora, coloque as linguiças cortadas em pedaços grandes. Cozinhe tudo até as carnes ficarem macias a ponto de serem cortadas só com o garfo, sempre cobrindo com mais água quente. Retire a espuma que sobe à medida que as carnes cozinham.

Aqueça o óleo em uma frigideira e acrescente os dentes de alho esmagados. Assim que o alho cheirar, junte duas conchas – aproximadamente duas xícaras de grãos de feijão – e amasse-os contra o fundo da frigideira, misturando-os com o óleo e o alho. Acrescente esse refogado ao feijão. Misture, e deixe o caldo evaporar e engrossar.

Sirva as carnes da feijoada cortadas em pedaços em uma travessa separada do caldo do feijão, acompanhados de farinha de mandioca, laranja cortada em fatias e couve refogada no óleo e temperada com bem pouco sal.

**RENDIMENTO**
8 a 10 porções

## SOPA LEÃO VELOSO

**A versão nacional da *bouillabaise*, uma sopa de peixes da cidade de Marseille na França, tem o nome do diplomata brasileiro Leão Veloso, que, diz a lenda e como tal não tem data, teria ensinado como prepará-la aos cozinheiros do restaurante Rio Minho. Acontece que a sopa também se parece com a caldeirada de peixes e frutos do mar à moda portuguesa e, hoje, é servida em muitos restaurantes.**

**INGREDIENTES**
500g de camarões pequenos
1kg de mexilhões com as conchas
1 garoupa com aproximadamente 2kg cortada em postas e com a cabeça
1 molho de salsa e cebolinha (cheiro-verde)
Folhas de coentro a gosto, pelo menos uma colher de sopa
2 folhas de louro
4 colheres de chá de sal
1 colher de chá de pimenta-do-reino
4 dentes de alho descascados
1kg de tomates bem maduros para dar bastante caldo
Pimenta-de-cheiro a gosto (duas ou três)
4 colheres de sopa de azeite de oliva
1 limão
4 litros de água

**MODO DE PREPARAR**
Lave os camarões e as postas de garoupa com água corrente e deixe-os de molho por aproximadamente 10 minutos em uma tigela com a água e o suco de limão. Escorra. Tempere o peixe com sal e pimenta. Lave bem os mexilhões.

Prepare um caldo de peixe com a cabeça da garoupa, uma colher de chá de sal, o molho de salsa e cebolinha, o louro e a água. Cozinhe com o fogo médio. A água deve estar fervendo baixinha e com a panela tampada até que seu nível reduza à metade.

Retire a cabeça da garoupa do caldo. Passe-o por uma peneira e devolva à panela. Cozinhe os mexilhões nesse caldo até as conchas abrirem. Retire os mexilhões e coe novamente o caldo para retirar os resíduos. Solte os mexilhões das conchas, mas guarde uns seis a oito para enfeitar a sopa.

Em outra panela – ela deve ser grande o suficiente para acomodar todos os ingredientes –, aqueça os tomates descascados e sem as sementes cortados em quadradinhos com o alho amassado e as pimentas-de-cheiro. Amasse os pedaços de tomate contra o fundo da panela para desmancharem enquanto aquecem.

Junte o caldo de peixe, espalhe por cima as postas de garoupa e polvilhe com sal. Tampe a panela e cozinhe por aproximadamente 15 minutos, depois junte os camarões e os mexilhões. Polvilhe com o coentro picado, tampe a panela e ferva por mais cinco minutos.

**RENDIMENTO**
4 porções

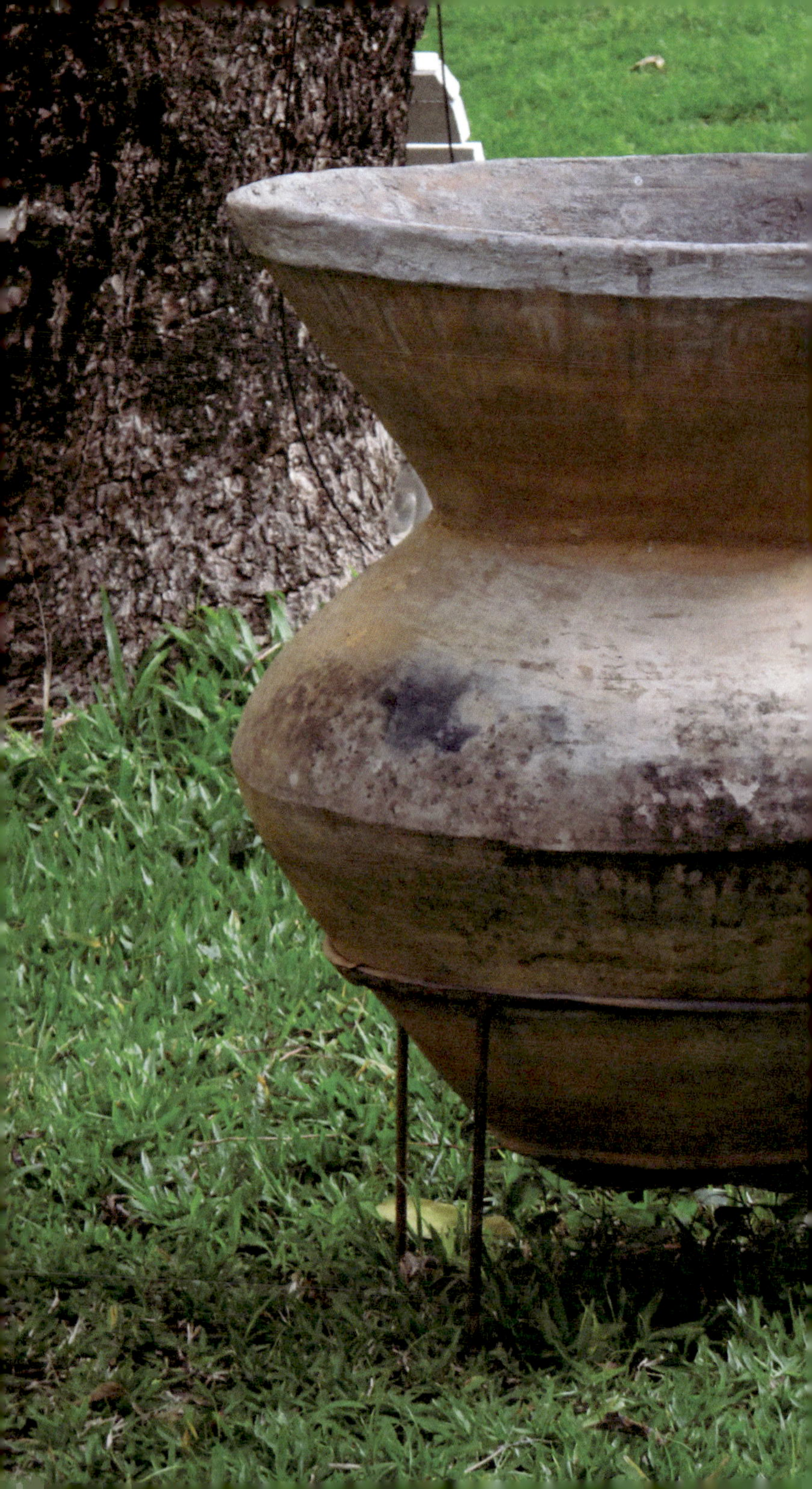

**Passeios curtos que valem a pena**

# MUSEU DO ÍNDIO

No dia a dia da vida da cidade não sobrou quase nada do contato inicial dos portugueses e africanos com os habitantes nativos do Brasil. Por isso mesmo é tão importante conhecer um pouco da riqueza cultural desses povos de quem muito se aprendeu. Para isso, o Museu do Índio é o lugar perfeito para entender, de perto, a riqueza cultural dos indígenas que habitam o país.

Esses são os povos que desde o século XVI mostraram ao mundo europeu como é possível viver em um clima tropical e se alimentar da Mata Atlântica e da Floresta Amazônica. Também mostraram aos habitantes europeus como refrescar-se com muitos banhos para sobreviver às temperaturas altas sem adoecer. Para quem chegava por aqui a comida era mandioca em farinha; aprendia-se como se deve cultivar e colher o milho e que frutas como o caju e o miolo do tronco de uma palmeira, os palmitos, são deliciosos. Enfim, como sobreviver em uma terra nova.

No museu é possível ver objetos, cerâmicas, brinquedos, jogos e instrumentos musicais, fotografias da vida nas aldeias e principalmente ouvir os sons indígenas em vídeos e gravações.

O Museu do Índio é parte da Fundação Nacional do Índio (FUNAI) e desenvolve projetos de pesquisa e de documentação, em parcerias com universidades e empresas privadas. Entre eles, um programa muito importante é o de documentação de todas as línguas indígenas do Brasil, isto é, aquelas sobrevivem porque ainda são utilizadas. É bom lembrar que muitas já desapareceram ou perderam parte de seu repertório, substituído pela língua portuguesa.

# MUSEU NACIONAL E JARDIM ZOOLÓGICO

A partir de 1808, com a chegada da família real e da corte portuguesa ao Brasil, a cidade do Rio de Janeiro passou a ser a nova capital do Império Português, que também mantinha colônias na África – em Angola e Moçambique –, na Índia – em Goa – e na China – em Macau. Como até então a cidade era completamente sonolenta, a sua maior atividade comercial estava concentrada na exportação de produtos coloniais, por isso a chegada da corte provocou uma grande mudança.

A primeira medida do príncipe D. João VI foi a abertura dos portos a navios de outros países, o que possibilitou que mais pessoas de outras nacionalidades pudessem se fixar no Brasil ou aqui comerciar. Até então, apenas portugueses ou africanos escravizados podiam viver na colônia.

Nos anos seguintes, foi criada ou transferida de Portugal para o Brasil uma série de instituições de ensino e institutos de pesquisa, como a Biblioteca Nacional, a Escola de Belas Artes, o Jardim Botânico e o antigo Museu Real, hoje Museu Nacional. Criado em 1816, ele funciona desde 1892 no Parque da Quinta da Boa Vista – o antigo palácio onde morava a família do Imperador. É a mais antiga instituição científica do país e o maior museu de história natural e antropologia da América Latina. Atualmente é parte da Universidade Federal do Rio de Janeiro (UFRJ), e no seu prédio funcionam, além da área de exposição, programas de pós-graduação, laboratórios de pesquisa, bem como um riquíssimo acervo de antropologia, etnologia e zoologia.

Na entrada da área de exposições do museu está exposto um enorme meteorito que pesa 5 toneladas, conhecido como Bendengó. O meteorito caiu não se sabe exatamente quando, mas foi encontrado no interior da Bahia em 1784. E, como não poderia deixar de ser, rapidamente se transformou em curiosidade. Em 1888 foi transportado para o Rio de Janeiro, onde passou a integrar o acervo do Museu Nacional.

O Museu fica no meio de um parque muito bonito para visitar em dias de sol e de chuva, quando a umidade da Mata Atlântica mostra todo o seu esplendor, deixando as folhas das árvores prateadas. O Zoológico do Rio de Janeiro, que também fica na Quinta da Boa Vista, tem uma área com 138 mil metros quadrados, onde se desenvolvem projetos de pesquisa, um intenso programa de preservação das espécies ameaçadas no país e de educação ambiental. É possível visitar o parque à moda antiga, com jaulas e animais ferozes como leões, tigres e ainda elefantes e girafas.

## FEIRA DO LEME

O Leme é onde a Praia de Copacabana começa, o "Posto 0". A praia é quase sem ondas ao pé do enorme morro de pedra e segue com o mar um pouco mais bravo até o Posto 1. A praia de Copacabana é marcada pelos postos de salvamento numerados; é uma praia de mar aberto, e, nos dias em que as correntes são fortes o bastante para dificultar a volta para a praia, os salva-vidas são bem-vindos e necessários. No costão do Morro do Leme fica o Caminho do Pescador, área muito utilizada por pescadores.

A praia foi toda urbanizada. Seus calçadões ganharam os desenhos de pedra portuguesa atuais e o projeto paisagístico de Roberto Burle Marx na década de 1970. E no final do Leme, como é chamado – na verdade no começo –, fica o Forte Duque de Caxias. Atualmente desativado, era um centro de treinamento do Exército.

Justamente por ser uma ponta de praia sem saída, é uma região muito tranquila, que acabou por atrair, a partir da metade do século XX, muitos artistas, escritores e músicos. Nessa época, e ainda até a década de

1970, o local teve uma vida boêmia intensa e ao mesmo tempo de vila de interior. A avenida Atlântica concentrava uma série de bares e restaurantes frequentados por artistas e jornalistas e duas famosas cantinas: a Sorrento e a Fiorentina.

As feiras espalhadas pela cidade são um testemunho do que se come nas casas cariocas – o que inclui um grande número de tubérculos e raízes, desses que os visitantes estrangeiros não sabem o nome, mas morrem de vontade de experimentar, e que são uma parte importante da alimentação brasileira, como cará, aipim, e muitas frutas como manga, banana, caju, mamão, cajá, sapoti, carambola e abacaxi de vários tipos.

As barracas têm também saladas, temperos perfumados e sardinhas abertas e sem as espinhas, prontinhas para fritar. A feira do Leme é especial, pequena e simpática, com uma barraca na qual se pode comprar tapioca ou bolinho de estudante preparado na hora.

## LAGOA RODRIGO DE FREITAS (PARA UMA CORRIDA)

Um dos cartões-postais mais bonitos da cidade é a Lagoa Rodrigo de Freitas, localizada no coração da Zona Sul. Em dias de sol a sua água reflete o azul do céu e é emoldurada de um lado pelo Morro Dois Irmãos e do outro pelo Morro do Corcovado.

A Lagoa ficava tão longe do centro da cidade que, no início do século XIX, o Jardim Botânico, instalado às suas margens, era considerado um local relativamente retirado. Aos poucos uma série de aterros reduziu o seu tamanho, até as dimensões atuais. Hoje, com casas e prédios à sua volta, ela contorna os bairros do Humaitá, da Lagoa, do Jardim Botânico e de Ipanema.

Rodeada por uma ciclovia com 7,38 km, a Lagoa pode ser dividida em pequenos passeios a pé ou em uma volta de bicicleta. De acordo com o lado, é possível fazer atividades diferentes – de Ipanema até o Corte do Cantagalo. Apesar de ser menos frequentado, tem um parquinho ao qual é possível levar as crianças para brincar e também visitar a Fundação Eva Klabin.

Um dos bons passeios para os dias de sol é dar a volta a pé na Lagoa. A distância não é tão grande, e esse é o tipo de passeio que os moradores da Zona Sul fazem com muita naturalidade. O lugar é lindo, bem arborizado, principalmente o pedaço do Jardim Botânico entre a saída do túnel Rebouças e o Leblon, na altura do Clube de Regatas do Flamengo e a avenida Afrânio de Melo Franco. Pelo caminho ainda se passa pela Hípica, pelos muros do Jóquei Clube e pelos clubes Piraquê e Caiçara.

As ruas Maria Angélica e Frei Leandro, entre a Lagoa e a rua Jardim Botânico, reúnem um número grande de lugares que oferecem desde um simples café com *croissant*, até pizzarias e restaurantes estrelados.

# PASSEIOS GASTRONÔMICOS

Os endereços a seguir podem ser um passeio ou parte dele. Afinal, passar algumas horas olhando a praia e a piscina do hotel Copacabana Palace com o seu charme nostálgico deve ser bem aproveitado, assim como comer um quibe excepcional em um pequeno botequim escondido em uma galeria em pleno Largo do Machado também deve, pois permite ao visitante aproveitar a cidade como um morador.

Comida boa para um carioca, quando quer comer fora de casa em finais de semana ou feriados, são os salgadinhos e petiscos servidos nos bares e restaurantes. Alguns fazem tanto sucesso que em versões um pouco maiores substituem uma refeição, como é o caso das coxinhas de galinha.

Os prediletos, em geral de origem portuguesa, são preparados com muitas variações de acordo com a criatividade e o perfil dos chefs, mas a lista mais tradicional tem empadas recheadas com camarão, palmito, carne e queijo; as coxinhas de galinha, e os pastéis dos mais variados sabores. É mais do que recomendável provar uma boa porção de bolinho de bacalhau.

Os salgadinhos tradicionais atualizaram-se com o passar do tempo e hoje é possível comer tapas e montaditos de influência catalã, além de pastéis fritinhos à moda oriental com molhos agridoces. A cidade ainda oferece deliciosas interpretações da comida brasileira, como a feijoada, que se transforma em bolinhos de feijão recheados de couve e servidos com torresmos ao lado.

A preocupação com a saúde transformou os restaurantes naturais em sucesso de público ainda nos anos 1970. O clima de sol, praia e surf precisava de uma comida que combinasse com um estilo de vida que cultuasse a natureza. Assim, os restaurantes conhecidos como naturais são uma mistura de comida vegetariana e macrobiótica, com uma boa seleção de saladas, arroz integral, e a carne é substituída por proteína de soja. A maioria deles só abre para o almoço.

Se um restaurante se apresenta como "de comida caseira", quer dizer que no cardápio tem arroz, feijão, batata frita e bife ou filé de frango grelhado. Algumas variações e pratos fixos fazem parte do que é servido; a feijoada completa é servida às sextas-feiras e domingos em muitos restaurantes, dos mais baratos aos mais caros.

## Centrais de abastecimento

Esse é um passeio um pouco mais especializado, para pessoas que têm algum interesse em gastronomia e para os estrangeiros que só conhecem banana de um tipo, nunca viram um caju ou jabuticaba e acham que só existe um tipo de abacaxi ou de abacate.

### • Cobal Humaitá

O local abriga lojas, bancas de legumes e frutas, um supermercado e bares com comes e bebes e mesas ao ar livre, que nas noites de verão ficam lotadas e muito animadas.

### • CADEG

O Centro de Abastecimento do Estado da Guanabara, agora chamado de Mercado Municipal do Rio de Janeiro, é aberto ao público e funciona como fornecedor de mercados e feiras livres, floristas, decoradores de festas e casamentos. É um passeio interessante para quem trabalha com restaurantes e gastronomia.

PASSEIOS CURTOS QUE VALEM A PENA

# ENDEREÇOS

### MUSEU DO ÍNDIO
Rua das Palmeiras, 55, Botafogo
**Horário:** de terça a sexta-feira, das 9h às 17h30; aos sábados e domingos das 13h às 17h
**Tel.:** (21) 3214-8700
www.museudoindio.org.br

### MUSEU NACIONAL/UFRJ
Parque Quinta da Boa Vista, s/n, São Cristovão
**Tel.:** (21) 2562-6900
**Horário:** de terça-feira a domingo, das 10h às 16h
www.museunacional.ufrj.br

### FUNDAÇÃO RIOZOO ZOOLÓGICO DO RIO DE JANEIRO
Parque Quinta da Boa Vista, s/n, São Cristóvão
**Tel.:** (21) 2562-6900
**Horário:** de terça-feira a domingo, das 9h às 16h30

### FEIRA DO LEME
Rua Gustavo Sampaio, esquina com a
Rua Martim Afonso, próximo à Pedra do Leme.
**Horário:** das 7h às 14h

### LAGOA RODRIGO DE FREITAS
A Lagoa é contornada por duas avenidas, a Borges de Medeiros e a Epitácio Pessoa. O passeio mais agradável está na Borges de Medeiros, entre as ruas Frei Leandro e Afrânio de Melo Franco.

### FUNDAÇÃO EVA KLABIN
Esse é um museu-casa com a coleção de sua proprietária, que reúne obras de períodos diversos como antiguidade clássica, impressionismo francês e arte pré-colombiana. O museu promove exposições temporárias, concertos e ciclos de palestras.
Avenida Epitácio Pessoa, 2.480, Lagoa
**Tel.:** (21) 3202-8550
www.evaklabin.org.br

### PAIN DU LAPIN
O café e padaria serve sanduíches e é um excelente lugar para comer um lanche.
Rua Maria Angélica, 197, Jardim Botânico
**Tel.:** (21) 2527-1503

### BRAZ PIZZARIA
A filial de uma das melhores pizzarias de São Paulo prepara pizzas deliciosas em um ambiente com o charme carioca.
Rua Maria Angélica, 129, Jardim Botânico
**Tel.:** (21) 2535-0687
**Horário:** domingo a quinta-feira, das 18h30 à 00h30; sexta-feira e sábado, das 18h30 à 1h30
www.brazpizzaria.com.br

### CAPRICCIOSA
O melhor dos antepastos italianos na cidade, leves e bem preparados.
Rua Maria Angélica, 37, Jardim Botânico
**Tel.:** (21) 2527-2656
**Horário:** de segunda-feira a sábado, à partir das 18h; domingos à partir das 17h
www.capricciosa.com.br

### OLYMPE
O principal restaurante, entre vários, do estrelado chef Claude Troisgros.
Rua Custódio Serrão, 62, Lagoa
**Tel.:** (21) 2539-4542
**Horário:** de segunda a sexta-feira, das 12h às 16h e das 17h30 à 0h30; fecha aos domingos

### BAR LAGOA
Um dos bares mais antigos da Zona Sul, inaugurado em 1934, fica na orla da Lagoa e serve tradicionalmente uma comida com leve influência alemã, como salsichões com salada de batatas.
Avenida Epitácio Pessoa, 1.674, Ipanema
**Tel.:** (21) 2523-1135
**Horário:** de segunda a sexta-feira, das 18h às 2h; domingos e feriados, das 12h às 2h
www.barlagoa.com.br

### PIZZARIA ORIENTAL
Um pouco escondida no interior de uma galeria de lojas, tem apenas algumas cadeiras no balcão. O melhor é chegar cedo para almoçar.
Largo do Machado, 29, loja 15, Catete
**Tel.:** (21) 2265-6050

### MIAM MIAM
Comida gostosa com combinações diferentes e drinques deliciosos.
Rua General Góes Monteiro, 34, Botafogo
**Tel.:** (21) 2244-0125
**Horário:** de terça a sexta-feira, das 19h30 à 0h30; sábados e feriados, das 19h30 à 1h30

## PÉRGULA DO COPACABANA PALACE
Para experimentar e também para homenagear o charme da Praia de Copacabana dos anos 1960 é preciso almoçar na área em volta da piscina do hotel Copacabana Palace. Por ali passaram as grandes estrelas do cinema mundial. Recomenda-se reservar.
Avenida Atlântica, 1.702, Copacabana
**Tel.:** (21) 2545-8790
**Horário:** Café da manhã, todos os dias, das 7h às 10h30; almoço, de segunda a sexta-feira, das 12h30 às 16h; feijoada aos sábados, de 12h30 às 17h; brunch aos domingos, das 12h30 às 17h

## ADEGÃO PORTUGUÊS
O lugar perfeito para comer bacalhau, principalmente os pratos com bacalhau assado na brasa. O tamanho das porções é grande; convide uma ou mais pessoas para poder dividir os pratos da cozinha carioca-portuguesa. É comum ter mesas comemorando aniversários e festas de fim de ano.
Rua Campo de São Cristóvão, 212, São Cristóvão
**Tel.:** (21) 2580-7288
**Horário:** segunda a sábado, das 11h às 23h; domingos, das 11h às 20h.

## COBAL
Rua Voluntários da Pátria, 446, Botafogo
**Horário:** Mercado: de segunda a sábado das 8h às 18h; domingos, das 8h às 12h. Lojas: de segunda a sábado das 8h às 18h. Bares e restaurantes: diariamente, das 10h às 2h

## CADEG
Rua Capitão Felix, 110, Benfica
**Tel.:** (21) 3890-0202
**Horário:** segunda a sábado de 1h às 17h; domingos e feriados de 1h às 14h.
www.cadeg.com.br

# LISTA DE RESTAURANTES, BARES E CONFEITARIAS E O BAIRRO ONDE FICAM

**Aconchego Carioca**, Praça da Bandeira 150
**Alda Maria Doces Portugueses**, Santa Teresa 150
**Aprazível**, Santa Teresa 150
**Churrascaria Majórica**, Flamengo 114
**Adegão Português**, São Cristóvão 167
**Bar Lagoa**, Lagoa 166
**Bar Ocidental**, Centro 45
**Bar Urca**, Urca 79
**Braz Pizzaria**, Jardim Botânico 166
**Cadeg**, Benfica 167
**Capricciosa**, Jardim Botânico 166
**Casa Cavé**, Centro 30
**Cobal Humaitá**, Humaitá 164
**Confeitaria Colombo**, Centro 30
**Confeitaria Colombo no Forte de Copacabana**, Copacabana 90
**Filé de Ouro**, Jardim Botânico 103
**Gruta de Santo Antônio**, Centro de Niterói 19
**Jardim Botânico**, Jardim Botânico 103
**Mercado de Peixes São Pedro**, Ponte d'Areia, Niterói 19
**Miam Miam**, Botafogo 166
**O Navegador**, Centro 56
**Olympe**, Jardim Botânico 166
**Pain Du Lapin**, Jardim Botânico 165
**Pérgula do Copacabana Palace**, Copacabana 167
**Pizzaria Oriental**, Catete 166

**Quina de Ouro Rei das Sardinhas**, Centro 45
**Rio Minho**, Centro 56
**Restaurante Albamar**, Centro 56
**Sorveteria Mil Frutas**, Jardim Botânico 103

# ÍNDICE DE RECEITAS

Arroz com carne-seca e abóbora 92

Arroz de brócolis 92

Arroz de forno com frutos do mar 93

Bacalhoada 152

Batida de tangerina 21

Biscoitinhos amanteigados com perfume de laranja 140

Bobó de camarão 72

Bolachas de chocolate com lascas de chocolate 141

Bolo de abacaxi com azeite perfumado 105

Bolo espetacular de chocolate 106

Camarão com chuchu 130

Cioba com manteiga 47

Empadinhas de queijo 116

Farofa de dendê 72

Feijoada 153

Macedônia de vinho branco 21

Pão doce com amêndoas 106

Pasteizinhos de berinjela 117

Pavê de chocolate 82

Peito de frango grelhado com creme de milho 59

Peixe com pirão 129

Picadinho com arroz 130

Picolé de morango e hortelã 83

Prato de verão 60

Quibe de bandeja 118

Robalo recheado 47

Salgadinhos de queijo 142

Sanduíche de cordeiro 61

Sangria 22
Sardinhas assadas 48
Sopa de abóbora com carne-seca 33
Sopa de beterraba 33
Sopa de cenoura geladíssima 34
Sopa Leão Veloso 154
Sorbet de limão-siciliano 82
Xinxim de galinha 73

# AGRADECIMENTOS

Os agradecimentos nesse livro fazem parte de uma maneira carioca de viver e de se criar amizades com muita alegria. Passear não é uma atividade isolada. Mesmo quando se vai sozinho é possível trocar algumas palavras com outras pessoas e, por alguns instantes, ter a companhia agradável de desconhecidos. Algumas vezes fui visitar os locais debaixo de chuva com amigos para depois retornar sozinha; outras vezes fui acompanhada pela farra e alegria de ter a companhia de amigos queridos. E, durante os três anos que visitei o Rio – como moradora ou travestida de turista –, tive o apoio estratégico de algumas pessoas que compartilharam comigo o prazer de visitar e redescobrir a cidade. Então agradeço ao meu filho, Tomas Zoladz Ventura, que achou ótimo um guia que mostrasse aos não cariocas como usar a cidade como um morador; à minha mãe, a professora Rosza Wigdorowicz Vel Zoladz que, só para dar alguns exemplos, relembrou a minha infância na Pedra de Guaratiba, quando os rios ainda não haviam assoreado a praia com a lama. Também fui com ela ao Museu do Índio, onde fomos recebidas por ex-alunas e nos encantamos com as exposições; ao Museu Casa do Pontal para ver a riqueza cultural brasileira reunida de modo excepcional em um só lugar. Ana Avelar e Isabel Graça, minhas afilhadas, que junto com o Joaquim Avelar Jacobina passearam comigo; Alberto Graça, que além de indicar bons passeios ainda emprestou o carro; e claro, aos meus amigos de toda vida, meus professores na ESDI, Escola Superior de Desenho Industrial, Silvia Steinberg e Pedro Luiz Pereira de Souza. Lucila Avelar, minha comadre querida, garantiu que todos os passeios sempre dessem certo e recebe os meus agradecimentos especiais. Assim como Marco Antônio Amaral Rezende, que se acostumou à minha rotina carioca e paulista, Regina e Mariana Boni, que abriu o caderninho de endereços da família, a todos os amigos que reencontrei e aos novos que fiz, aproveitando cada passeio. Agradeço também à grande amiga Lúcia Riff, que acredita que todo carioca tem algo de especial, e às editoras da Casa da Palavra que curtiram os meus delírios cariocas desde o começo.

*1ª edição* maio de 2014
*papel de miolo* Offset 90g/m²
*papel de capa* Cartão supremo 250g/m²
*tipografia* DinPro/DaxlinePro